说苑

妙语的花园

钟克昌 编著

江苏凤凰文艺出版社
JIANGSU PHOENIX LITERATURE AND
ART PUBLISHING

图书在版编目（CIP）数据

说苑：妙语的花园 / 钟克昌编著. -- 南京：江苏
凤凰文艺出版社，2024. 6. -- ISBN 978-7-5594-8773-5

Ⅰ. I207.41-49

中国国家版本馆CIP数据核字第2024FV2610号

著作权合同登记号：10-2024-109

说苑：妙语的花园

钟克昌　编著

责任编辑　项雷达

图书策划　宁炳辉　马利敏

特约编辑　胡　杨

装帧设计　时代华语设计组

出版发行　江苏凤凰文艺出版社

　　　　　南京市中央路 165 号，邮编：210009

网　　址　http://www.jswenyi.com

印　　刷　三河市宏图印务有限公司

开　　本　880 毫米 × 1230 毫米　1/32

印　　张　7.5

字　　数　171 千字

版　　次　2024 年 6 月第 1 版

印　　次　2024 年 6 月第 1 次印刷

书　　号　ISBN 978-7-5594-8773-5

定　　价　56.00 元

総序

用经典滋养灵魂

龚鹏程

每个民族都有它自己的经典。经，指其所载之内容足以作为后世的纲维；典，谓其可为典范。因此它常被视为一切知识、价值观、世界观的依据或来源。早期只典守在神巫和大僚手上，后来则成为该民族累世传习、讽诵不辍的基本典籍，或称核心典籍，甚至是"圣书"。

中国文化总体上的经典是六经：《诗》《书》《礼》《乐》《易》《春秋》。依此而发展出来的各个学门或学派，另有其专业上的经典，如墨家有其《墨经》。老子后学也将其书视为经，战国时便开始有人替它作传、作解。兵家则有其《武经七书》。算家亦有《周髀算经》等所谓《算经十书》。流衍所及，竟至喝酒有《酒经》，饮茶有《茶经》，下棋有《弈经》，相鹤相马相牛亦皆有经。此类支流稗末，固然不能与六经相比肩，但它们代表了在各自那一个领域中的核心知识地位，是很显然的。

我国历代教育和社会文化，就是以六经为基础来发展的。直到清末废科举、立学堂以后才产生剧变。但当时新设的学堂虽仿洋制，却仍保留了读经课程，以示根本未斩。辛亥革命后，蔡元培担任教育总长才开始废除读经。接着，他主持北京大学时出现的新文化运动更进一步发起对传统文化的攻击。趋势竟由废弃文言，提倡白话文学，一直走到深入的反传统中去。

台湾的教育发展和社会文化意识，其实也一直以延续五四精神自居，故其反传统气氛及其体现于教育结构中者，与大陆不过程度略异而已，仅是社会中还遗存着若干传统社会的礼俗及观念罢了。后来，台湾才惕然警醒，开始提倡"文化复兴运动"，在学校课程中增加了经典的内容。但不叫读经，乃是摘选"四书"为《中国文化基本教材》，以为补充。另成立"文化复兴委员会"，开始做经典的白话注释，向社会推广。

文化复兴运动之功过，诚乎难言，此处也不必细说，总之是虽调整了西化的方向及反传统的势能，但对社会民众的文化意识，还没能起到普遍警醒的作用；了解传统、阅读经典，也还没成为风气或行动。

20世纪70年代后期，高信疆、柯元馨夫妇接掌了当时台湾第一大报《中国时报》的副刊与出版社编务，针对这个现象，遂策划了《中国历代经典宝库》这一大套书。精选影响人们最为深远的典籍，包括了六经及诸子、文艺各领域的经典，遍邀名家为之疏解，并附录原文以供参照，一时社会震动，风气丕变。

其所以震动社会，原因一是典籍选得精切。不蔓不枝，能体现传统文化的基本匡廓。二是体例确实。经典篇幅广狭不一、深浅悬隔，如《资治通鉴》那么庞大，《尚书》那么深奥，它们跟小说戏曲是截然不同的。如何在一套书里，用类似的体例来处理，很可以看出编辑人的功力。三是作者群涵盖了几乎全台湾的学术精英，群策群力，全面动员。这也是过去所没有的。四是编审严格。大部丛书，作者庞杂，集稿统稿就十分重要，否则便会出现良莠不齐之现象。这套书虽广征名家撰作，但在审定正讹、统一文字风格方面，确乎花了极大气力。再加上撰稿人都把这套书当成是写给自己子弟看的传家宝，写得特别矜慎，成绩当然非其他的书所能比。五是当时高信疆夫妇利用报社传播之便，将出版与报纸媒体做了最好、最彻底的结合，使得这套书成了家喻户晓、众所翘盼的文化甘霖，人人都想一沾法雨。六是当时出版采用豪华的小牛皮烫金装帧，精美大方，辅以雕花木柜。虽所费不赀，却是经济刚刚腾飞时一个中产家庭最好的文化陈设，书香家庭的想象，由此开始落实。许多家庭乃因买进这套书，仿佛种下了诗礼传家的根。

高先生综理编务，辅佐实际的是周安托兄。两君都是诗人，且侠情肝胆照人。中华文化复起、国魂再振、民气方舒，则是他们的理想，因此编这套书，似乎就是一场织梦之旅，号称传承经典，实则意拟宏开未来。

我很幸运，也曾参与到这一场歌唱青春的行列中，去贡献微末。先是与林明峪共同参与黄庆萱老师改写《西游记》的工作，继而再协助安托统稿，推敲是非，斟酌文辞。对整套书说不上有什么助益，自己倒是收获良多。

书成之后，好评如潮，数十年来一再改版翻印，直到现在。经典常读常新，当时对经典的现代解读目前也仍未过时，依旧在散光发热，滋养民族新一代的灵魂。只不过光阴毕竟可畏，安托与信疆俱已逝去，来不及看到他们播下的种子继续发芽生长了。

当年参与这套书的人很多，我仅是其中一员小将。聊述战场，回思天宝，所见不过如此，其实说不清楚它的实况。但这个小侧写，或许有助于今日阅读这套书的读者理解该书的价值与出版经纬，是为序。

致读者书

钟克昌

亲爱的朋友：

说苑，换成现代术语，就是名言汇编，也可说是妙语的花园。这是西汉末刘向的杰作。当他掌管中央藏书而典校秘籍的时候，趁便辑录了先秦及汉兴以来传记和诸子百家所载杂事而成本书。其内容全是攸关为政、修身、世道、人心的短篇故事，由此可见其用心。虽是辑录，因所采用的书庞杂，且刘向费一番功夫编排过，体例非常一致。

言论是人类自别于禽兽的智慧的流露，往往是针砭时事，有所感而发，所以名言要是离开了故事，就失去其意义。刘向的辑本更依故事的内容，分为君道、臣术、建本、立节等二十篇。依此篇目而检阅，旨趣容易掌握，印证尤感便捷。

《说苑》所采撷的言论故事，固然是中国古代智慧的结晶，但是时代推移、环境变迁，从刘向辑录成书，又历两千年，书中主人翁立论的可行性、趣味性固然有待商榷，而文辞的障碍也往往吓阻了后人品尝蜜汁的勇气。为了让读者朋友们方便阅读，我们有责任提炼、过滤这蜂巢里的蜜，我们要用蜂王浆滋补有造化的读者。这本《说苑》的改写，就抱着这个心意，但愿能得到一些共鸣。

目录

目录

凡 例

一、本书底本用的是中华书局四部备要本。

二、选材以趣味性为主，纯理论的叙述一概割爱。

三、读者欲了解各篇旨趣，请参看本书引言第四节。

四、《说苑》是诸子议论之文，所叙人物故事只求合乎义理既足。此改写本一概不援引他书擅改内容。

五、原书引用《战国策》隽永故事极多，为免与本宝库《战国策》一书重复，一律不选。

六、各篇改写分量不一，随故事性而取舍，例如谈丛篇仅得一章。

七、原书除篇目外，各章无标题。今改写本为求醒目，均标上新题。

引　言

　　说苑，用现在的话来说，就是名言汇编，也可说是妙语的花园。《说苑》是西汉末刘向的杰作，当时他掌管中央藏书且典校秘籍，趁便辑录了先秦及汉兴以来传记和诸子百家所载杂事，其内容全是攸关为政、修身、世道、人心的短篇故事或箴言，堪称是世人修身、齐家、治国、平天下的明鉴。虽是辑录，因所采用的书籍庞杂，编撰者还得慧眼独具，经过深思熟虑，体例才能一致，所选也才能符合时代的需求。文章合为时而著，即使是述而不作的编撰，亦须契合其时代背景，个人的识见才可能行之久远。《说苑》一书，真可说是一部西汉儒家人生观的结集，并且已流行了两千年，成为中国人践履人道的圭臬。

一、《说苑》代表西汉儒家的人生观

　　时代迁移，古今异势，虽然地球还是这个地球，人类还是最具灵性的动物，中华民族还是承袭先人的文化遗产继续前行，但先人从大自然归纳体认而得的"道"仍有待"明"，而群体或个人行事究竟是否"正义"，就有待因时制宜。孔子编订《诗》《书》《礼》《乐》《易》《春秋》以为教材，亦承自先人的道、义而匠心独运，以期适应当代而开启来兹：此孔子所以集大成而为圣之时者。此后百家争鸣，各得一察焉以自好，是以学术分歧。吕氏妄想集大成而作《春秋》，亦不外道、义的采撷。惜乎智慧不足以贯之，徒以文化遗产件件为奇货而可居。经过秦暴政及楚汉之争，古籍遗失。至汉惠帝时始除挟书之禁，文帝复广开献书之路，武帝时遗书已陆续出现，政府乃广加收集。到了汉成帝时，又四处搜访，所获更多，遂任命刘向、任宏、尹咸等校阅所有典藏在秘府中的书籍。其中刘向负责校阅的是《六经》《传记》《诸子》《诗赋》等类的书，校书前后长达二十年，每一书成，辄论奏其旨归，辨其讹谬，叙而奏之（其后刘歆继父业而总群书奏七略，是为我国目录学之祖）。在儒家政治权位提高声中，刘向继萧望之之后，卓然与外戚宦官相抗衡，趁检校秘书之便，刻意采撷群书箴言，推明古训，以衷之于道德仁义，而为纯粹儒家者言，成《说苑》一书。此书虽未尽窥道义之精微，取舍不能无失，然刘向数困于谗而不改其操守，亟欲有补于当世，亦堪称儒林楷模。

二、《说苑》是刘向精心编著的

据《汉书·本传》所载，刘向"采传记行事，著《新序》、《说苑》凡五十篇奏之"，所以历代学者多把《新序》和《说苑》看成是刘向所编的姊妹书，且以为二书体例、内容都类似诗外传，却常有一事而大同小异分见两书的，那是因为采撷来源不同才并存不舍。但是今传刘向《说苑》一书本奏云：

"所校中书（中央收藏的秘籍）说苑杂事，及臣向书、民间书诬校雠，其事类众多，章句相溷，或上下谬乱，难分别次序；除去与《新序》复重者，其余者浅薄不中义理。别集以为百家后，令以类相从，一一条别篇目，更以造新事十万言以上，凡二十篇，七百八十四章，号曰新苑，皆可观。"

据此，则《新序》《说苑》二书自有旧本，刘向重为订正，非创自其身。

按《新序》一书，虽与刘向当年及见的《左传》《国语》《战国策》《史记》等书相出入，然较中义理，不用大肆更造，所以只能够说是刘向所校编，一如《战国策》，此不能不辨。《隋书·经籍志》新序三十卷、录一卷，《唐书·艺文志》其目亦同，而曾巩校书序则云"今可见者十篇"，盖宋初残缺之本。今本新序计杂事五卷、刺奢一卷、节士二卷、善谋二卷，即曾巩校订之旧。

至于刘向所见《说苑》原书，因为"浅薄不中义理"，所以要"更以造新事十万言以上"，"一一条别篇目"，"号曰《新苑》"。总之，《说苑》一书有其底本不容置疑，唯经刘向刻意大肆更造，录传记《百家轶闻琐事》之足为法戒者，借以端正礼法、启迪教化、辨别邪正、罢黜异端，以为当代的龟鉴。所以《说苑》一书，可说是刘向所编著的。

三、《说苑》的时代背景

据《汉书·本传》所载，成帝即位后，刘向以故九卿召拜为中郎使领护三辅都水，数奏封事，迁光禄大夫。当时成帝正热衷于诗书、观古文，遂诏向领校中五经秘书（校勘中央收藏的宝贵经典）。每一书校成，刘向就写篇书录上奏，以助观览而补遗缺，往往借机而言得失而陈法戒。那时成帝的元舅阳平侯王凤为大将军，倚靠太后，执政擅权，兄弟七人皆封为列侯。适逢天地多大灾异，刘向归咎于外戚贵盛，于是博采群籍，集合上古以来历春秋六国至秦汉符瑞灾异之记，著为《洪范五行传》论奏之。成帝心知刘向忠精，故为王凤兄弟起此论，然终不能夺王氏权。

刘向又眼见习俗愈奢淫，而赵皇后、卫婕好之属出身微贱而逾越礼制，"故采取诗书所载贤妃、贞妇兴国显家可资法则以及孽嬖乱亡者，序次为列女传，凡八篇，以戒天子"。

刘向以为"外家日盛，其渐必危刘氏。吾幸得同姓末属，累世蒙汉厚恩，身为宗室遗老，历事三主。上以我先帝旧臣，每觐见，常加优礼；吾而不言，孰当言者？"刘向遂上封事极谏，其言略曰："人君莫不欲安，然而常危；莫不欲存，然而常亡：失御臣之术也。夫大臣操权柄、持国政，未有不为害者也。""历上古至秦汉，外戚僭贵，未有如王氏者也。""事势不两大，王氏与刘氏亦且不并立，如下有泰山之安，则上有累卵之危。陛下为人子孙，守持宗庙，而令国祚移于外亲，降为皂隶，纵不为身，奈宗庙何？"刘向这样不畏权势地谏诤，怎奈王氏已尾大不掉；刘向死后十三年，王莽就篡汉了。

刘向编著的《说苑》一书，其作用殆如《洪范五行传》《列女传》及极谏的封事。例如臣术篇首章云："做大臣的，要服从皇上的命令，对皇上交代的事情做完以后要报告，一切事情不敢专横，不随便效忠一个人，也不随便提高自己的地位，一定要对国家有益处、对皇上有帮助。"接着刘向就提出人臣的行为有六正六邪：六正之臣包括圣臣、良臣、忠臣、智臣、贞臣、直臣，此为刘向自我的期许；六邪之臣包括具臣、谀臣、奸臣、谗臣、贼臣、亡臣，其中的贼臣乃王氏兄弟的写照——专权擅势、持招国事以为轻重于私门、成党以富其家、增加威势、擅矫君命以自显贵，其余则阿附谄媚王氏的在位大臣的嘴脸。又如反质篇录杨王孙裸葬以矫世一则，盖有见于成帝营建延陵，制度泰奢，"积土为山，发民坟墓十万数，财靡百亿"，"死者恨于下，生者愁于上"。刘向为此事亦曾上疏谏诤，历述圣王薄葬之德与暴秦乱君竞营坟陵之非。由此可见，刘向忧国忧民的情怀已灌注在《说苑》里。

四、《说苑》的体例及各篇旨趣

言论是人类自别于禽兽的智慧的流露，往往是针砭时事，有所感而发。所以名言要是离开了故事，就失去其意义。刘向的《说苑》，更依故事内容分为二十类。依此篇目而检阅，旨趣容易掌握，印证尤感便捷。

《说苑》每篇旨趣，除谈丛篇外，皆见于首章。据残本《新序》而言，则乏此体例。由此益显刘向的思想、见识及精力所注在于《说苑》一书。《新序》本非其所编，自不可同日而语。今改写《说苑》，即以趣味为主，纯粹论理皆在割爱之。为使读者了然于刘向的苦心孤诣，略叙每篇旨意如下，以资参证。

君道第一——首章借师旷答晋平公之语，说明做君王的方法在于清净无为，博爱任贤，多用耳目以探听四方人的意见，不被习俗所溺，不被左右人所控制，胸襟开阔而有远见，并且要站在超然的地位以领导人民，常常巡视大臣们的政绩。

臣术第二——首章先提出当大臣的道理在于顺从皇上的命令，交付的任务做完后要妥善报告，行事不敢专横，不随便效忠权臣，不随便提高自己的地位，行事一定要对国家有益处，对皇上有帮助。接着提出六正六邪之臣以为劝诫，圣、良、忠、智、贞、直是为六正，具、谀、奸、谗、贼、亡是为六邪。

建本第三——首章由孔子所谓"君子务本，本立而道生"之语，推论建立根本的重要性。因为根本不健全，末梢必歪斜。开始不兴盛，最后必衰竭。《易经》说："建其本而万物理，失之毫厘，差以千里。"所以君子要注重根本，要注重开始。"孝""弟"正是为人的根本，而"学"所以增才智以明道。通篇所述圣哲故事，以孝、弟与好学居多，又兼及国以民为本。

立节第四——首章说明一个有勇气又果断的知识分子应该为了维护仁义而牺牲生命，仗着大节义理而不选择牺牲的地点，才能身虽死而留名于后世。怎么才能树立节操呢？要能勤劳刻苦、安于贫穷、看轻死亡。既无地位又没金钱，并非知识分子的耻辱。一个知识分子真正的耻辱是：天下推举忠诚的人而没有你的份，推举信义的人而没有你的份，推举廉洁的人而没有你的份。你如果忠、信、廉三者在身，将会留名于后代，和日月一样永远不朽，即使在那不讲公理的时代，也不能污辱你。《诗经》上说："我的心志比石还坚定，不可以转动；我的心志比席子还平，不可以卷起。"能够不失去自己，然后可以共患难。这是知识分子所以超过别人的地方。

贵德第五——本篇都在推崇仁德的可贵。首章即论述圣人对待天下百姓，把他当作小孩子一样，饿了就让他吃饭，冷了就帮他穿衣。养育他，使他长大，就怕他长不大，这就是仁德。国家领袖以及一般执政者能够爱民以德，则天下治，得民心；一般士君子仗恃仁德，则足以自卫，足以化暴。

复恩第六——通篇所述皆报恩之事。首章总论施恩德不求报，而受人恩德却一定要报答。勤劳而不埋怨，有功而不求报赏，这是最厚道的人。臣下有意想不到的功劳，君王就得加以重赏；君王有特别的恩赏，臣下就得以死效忠。臣下不报答人主的恩典，反而奔走于权贵之门，这是祸乱的根源；君王不能报偿臣下的功劳而吝于奖赏，这也是祸乱的根源。祸乱的滋生，正由于彼此不相报恩的缘故。

政理第七——本篇在说明为政的道理。首章先提出政有三品：王道的政治在感化人民，霸道的政治在威服人民，强横的政治在胁迫人民。此三者各有所宜，而以感化人民为贵。感化无效而后威服，威服无效而后胁迫，胁迫无效而后刑罚。

尊贤第八——本篇在强调尊贤的重要性。首章一开头就说：君王想要平治天下，留名后代，必定要尊重贤人，礼遇士人。一个英明的君主，施恩德于天下，又能礼遇在下的人，将使远方的人怀德，又可招致跟前的人。想称霸于世，就得借重贤能的人，像伊尹、吕尚、管夷吾、百里奚，都是霸王的船和车。然而成王称霸固然要靠人才，亡国破家也离不开人的因素。不尊贤的人宜加警惕。

正谏第九——说明人臣所以艰难地尽忠于王室而劝谏国君，并非为着自身，只是想匡正国君的过错，纠正国君的缺失，以免国家危亡。首章提出正谏之法在于权衡国君及时势，调和其缓急而处置适中，对上不敢危及国君，对下不致危害己身。刘向后半生与擅权跋扈的王氏抗衡，屡屡正谏汉成帝，虽不能改变情势，亦可谓忠正了。

敬慎第十——说明慎重行事才能存身、安国的道理。此篇晁公武读书志做法戒篇。首章即谓存亡祸福，都在于自身的警戒审慎，所以君子在独处时更要特别谨慎，并引诗"战战兢兢，如临深渊，如履薄冰"来说明敬慎的态度。

善说第十一——极言善于劝说的重要性。首章先引孙卿所论的劝说的方法：必须庄敬慎重地树立自己的观点，端正诚恳地处理它，坚强地保持自己的决心，运用种种比喻来说明事理的真相，分析是非利弊使对方明白，说话的时候语气常带感情，有时兴高采烈，有时激昂慷慨，务须使对方对于我的观点觉得非常宝贵难得、神秘莫测。子贡说："一个人说出的言辞，得当与否，关系着本身的得失和国家的安危。"辞令的功能，在于使我们的待人接物能获得通达。言辞之道，实在是用来尊敬君上、提高自己的身份、安定国家和保全性命的工具，所以言辞不可不讲求，而游说之道更不可不娴熟。

奉使第十二——说明奉命出使者，只要对国家有利，辞令行事皆应权衡时机。首章论及奉命出使，原则上不可擅权以兴造事端。遇到拯救危难，剿除祸患时，可以专权行事将帅带兵出征，进退可由大夫自己决定；在路上听到国君或父母死亡的消息，可以慢慢走，却不能返回。

权谋第十三——说明通权达变的智谋的可贵。首章论及圣王办事，一定先审慎于谋划考虑，集思广益。但是大众的智慧虽可预测天机，而综合各方的意见，却有赖一人独断。上等的权谋可以预知天命，其次的可以测知人事。知天命的人，可以预见存亡祸福的根源，早知盛衰兴废的发端，预防祸事于未发生之前，避免灾难于未成形之先。知人事的人遇事时能知道得失成败的差别而追究到事情的结果，所以没有失败荒废的事业。权谋有中正与邪恶之分：用心中正的人，权谋力求公平，出于至诚，荣及子孙；用心邪恶的人，权谋专为私利，出于诈伪，及身而灭。知天命知人事而擅长权谋的人，必须审察诚诈的根源后果来立身处世，这也是权谋的方法之一。

至公第十四——说明毫不偏私的效应。首章称帝尧禅让，大公无私；再论及人臣宜效法伊尹、吕望的大公：办公务则不营私家，在公门则不言私利，执行法令则不庇护亲戚，奉公举贤则不避仇雠，对国君尽忠，对下属仁爱，以恕道待人，不结党为非。

指武第十五——指者示也，武即军事，指武即论述作战用兵、军事武力的重要性，兼及诛讨刑杀的必要。首章引司马法"国家虽大，好战必亡；天下虽安，忘战必危"之说，又引易经"君子修整兵器，以防备意外的危险"之语，说明军事不可玩弄，玩弄了就失去威力；军事也不可废置，废置就招致他国入侵。以前吴王夫差因好战而亡国，徐偃王也因没有武备而被消灭。最后又引《易经》说："存不忘亡，是以身安而国家可保。"

谈丛第十六——这篇纯为哲言的荟萃，罗列八十则简短的名言，都是耐人咀嚼的道理，并不像他篇的引述人物故事，而首章也一反常例，所叙不足以涵盖全篇。首章虽与通篇一样是格言式的叙述，唯提及王者之事，却是西汉末叶的反响，亦足见刘向的苦心。首章云：王者知道怎样驾驭臣下而治理人民，则群臣畏服；知道怎样采信臣下的话和处理事情，就不被欺瞒蒙蔽；知道怎样使万民生活得舒适富足，那么国家一定太平；知道怎样忠孝事上，那么臣子的行为跟着就会完美。

杂言第十七——杂言本指细碎无所归类之言，但此篇大抵叙述贤人君子去就出处之道。除首章涵盖全篇旨趣外，各章多引往古贤哲的行事见识，令人知所取舍。首章开头即云：贤人君子，通达盛衰的时机，知道成败的端倪，精察治乱的纲纪，明晓人类的情性，知道去就出处之道。

辨物第十八——辨物，就是明察物类的变化。据《汉书·本传》所载，刘向常常夜观星宿达旦，而西汉阴阳五行休咎之说盛行，刘向往往借天地灾异之象来影射人事以正谏皇帝。唯此篇则主张仰观天文、俯察地理，以知有形、无形的现象，并叙及往古怪异的物象，而祛除了迷信的成分。首章即引孔子之言，说明必须通达情性的道理和物类的变化，了解有形、无形的现象，清楚浮游云气的源流，才可算是个成德的人；知自然运行的道理，也就能躬行仁义，以礼乐饬身了。

修文第十九——讲求礼乐教化以及丧葬习俗，叫作修文。首章总领全篇，言及天下平定就得制定礼仪，生活安泰就得创作音乐，因为礼乐是教化百姓最重要而有效的工具。要移风易俗，没有比音乐更有力的了；要安上治民，没有比礼仪更见功效的了。所以贤明的君主要修饬礼文，设立学校，提倡音乐。

反质第二十——本篇主张去掉文饰，回到本质，也就是要返璞归真。这是针对变本加厉的繁文缛节而提出的，亦所以矫时弊。首章即提出本质已太好的，根本就不必再加修饰；次章接言卜筮祭祀之本质，以及见人之文必考其质的道理；其余各章皆攸关反质的故事。

五、《说苑》是诸子议论之文，自成一家

《说苑》的价值，除了有系统地归类前人言行道义以为后生修齐治平的借鉴外，在古籍的保存上，亦功不可没。《四库提要》云：

"古籍散佚，多赖此以存。如《汉志》《河间献王》八篇，

隋志已不著录，而此书所载四条，尚足见其议论醇正，不愧儒宗。其他亦多可采择。"

古人以文章为天下的公器，在引用上多不标明出处，这在今日看来，不无缺失。但唯其没有标明出处，《说苑》全书更显得浑然一体：老、庄、管、韩之说，一经刘向儒者眼光的择录，统统化为有益世道人心的儒家言了。而前人往往喜欢以史学家的眼光指责其失误，如唐代刘知几《史通·杂说》就攻击道：

"《新序》《说苑》……皆广陈虚事，多构伪辞，非其识不周而材不足，盖以世人多可欺故也。呜呼！后生可畏，何代无人，而辄轻忽若斯者哉！夫传闻失真，书生失实，盖事有不获已，人所不能免也。至于故造异说，以惑后来，则过之尤甚者矣。"

宋朝叶大庆考古质疑亦摘其赵襄子赏晋阳之功孔子称之一条、诸御己谏楚庄王筑台引伍子胥一条、晏子使吴见夫差一条、晋太史屠余与周桓公论晋平公一条、晋胜智氏后阖闾袭郢一条、楚左史倚相论越破吴一条、晏子送曾子一条、晋昭公时战邲一条、孔子对赵襄子一条，以为皆时代先后，邈不相及。黄朝英《靖康缃素杂记》亦摘其固桑对晋平公论养士一条，《新序》作舟人古乘对赵简子；又楚文王爵筦饶一条，《新序》作楚共王爵筦苏，以为二书既同出刘向一手，而自相矛盾。黄震黄氏日钞亦谓：

"不屑扶君之事，《新序》以为虎会事赵简子，《说苑》以为隋会事晋文侯；君不能改士之说，《新序》以为大夫对卫相，《说苑》以为田饶对齐相；宗卫解衣就鼎以谏佛肸之说，《新序》以为田卑，《说苑》以为田基。是二书定于一人，而自为异同。"

刘向被服儒者，《说苑》《新序》二书，《汉书·艺文志》即列为诸子儒家类。诸子议论之文，但求合乎义理而自成一家，闲有传闻异词，不能以微瑕累全璧。故严可均《铁桥漫稿》书《说苑》后云：

"向所类事，与左传及诸子间或抵牾，或一事而两说三说兼存，韩非子亦如此。良由所见异词，所闻异词，所传闻异词，不必同李斯之法，别黑白而定一尊。浅学之徒，少见多怪，谓某事与某书违异，某人与某人不相值；生二千载后而欲画一二千载以前之事，甚非多闻阙疑之意。"

又朱一新《无邪堂答问》亦云：

"诸子书发摅己意，往往借古事以申其说。刘子政《新序》《说苑》，冀以感悟时君，取足达意而止，亦不复计事实之舛误。盖文章体裁不同，议论之文，源出于子，自成一家，不妨有此。若记事之文出于史，考证之文出于经，则固不得如此也。"

严、朱二氏真可谓善读书了。

六、《说苑》的版本

《说苑》一书，宋初仅存五篇，经曾巩搜集校订，仍为二十卷。今传有明经厂《新序》《说苑》合刻本，何良俊刻汉魏丛书本，潮州郑氏龙溪精舍刻卢文弨校本，日本国刻关嘉纂注本，上海涵芬楼影印明万历新安程氏刊本，上海中华书局四部备要仿宋本，上海商务印书馆影印四部丛刊本。近有台北新兴书局影印汉魏丛书本，台湾商务印书馆发行今注今译本。

据四部备要本，计得六九一章，约十一万五千字，较刘向所云七百八十四章，犹差九十三章。此或因纯粹格言式章次难以划分，或为后世钞本的遗缺。

君道第一

君子不弈

鲁哀公问孔子说：

"我听说君子不下棋，有这回事吗？"

"有的！"孔子回答。

"为什么不下棋呢？"哀公问。

"因为他有两部车可代步。"孔子答。

"有两部车为什么就不下棋呢？"哀公问。

"因为怕走上坏路。"孔子答。

哀公听了肃然惊惧起来，一边计数着自己拥有几部车。过了一会儿，哀公又问：

"君子讨厌做坏事竟然讨厌到这个地步吗？"

"讨厌坏事不彻底，那么喜欢好事也不会彻底；喜欢好事不能彻底，那么百姓也就不会真正亲近你了。诗上说：

"'还没看到你，

"'还没认识你，

"'我的心浮着一层油。

"'一看见你，

"'一遇见你，

"'我的心就开朗了。'

"这首诗所表现的是多么彻底的喜欢呀！"

哀公说：

"好极了！我听说君子喜欢成全人做好事，不会帮助人做坏事。要不是孔先生，我到哪儿去听这些话呢！"

桐叶封弟

周成王和小弟弟叔虞常常在一起做游戏。有一天，他们在玩扮家家，成王把一块梧桐叶剪成上尖下方的形状，交给叔虞说：

"这是玉珪，我拿这个来封你。"

叔虞年纪虽小，也煞有介事地拜受成王的赏赐，并且好像真的得到一样，成天乐嘻嘻的。周公看见了，就问他：

"你有什么乐子？"

叔虞说：

"扮家家好好玩哟！大哥还拿玉珪封我。"

叔虞说着就把梧桐叶片拿给周公看。

"果然是玉珪。"周公捧着梧桐叶说，

"好好保存着，这是传国之宝。"

周公就去见成王，问道：

"天子封了叔虞吗？"

"我只是和叔虞玩玩啊！"成王回答。

周公郑重地说：

"我听说天子没有开玩笑的话，话一出口，史官就记录下来，百官就要讽诵它，士人也要称述它。"

于是周成王就真的把小弟弟叔虞封于晋为唐王。这是周成王十年的事，周公还政已经两年了。

国之不祥

齐景公出外打猎，上山看见老虎，下沼泽又看见了蛇。他闷闷不乐地回去，把晏子找来，问道：

"今天我去打猎，上山看见老虎，下沼泽又看见了蛇；这大概是一般人所说的不吉利的预兆吧！"

晏子回答道：

"一个国家有三种不吉利，见虎见蛇不在这里头。有贤人却不知道，这是第一不吉利；知道了却不能用，这是第二不吉利；用了却不能信任，这是第三不吉利。所谓不吉利，就是像这样的事情。今天大王上山看见老虎，山本是老虎的窝呀；下沼泽看见蛇，沼泽本是蛇的洞穴呀！到老虎窝看到老虎、到蛇穴看到蛇，怎么是不吉利呢？"

好猎求士

楚庄王最喜欢打猎。有一次大夫们向他进谏说：

"晋和楚是势均力敌的死对头，楚不打晋国的主意，晋国也必定会动我们的脑筋。如今大王岂不是太热迷于打猎享乐吗？"

楚庄王哈哈大笑说：

"我去打猎是为着发掘人才呀！凡是在榛莽中刺杀虎豹的，我知道这是个勇敢的人；能够和犀牛搏斗的，我知道这是个大力士；打过猎以后肯把猎获物分给别人的，我知道这是个仁慈的人。

凭着打猎，我发掘了这三类人才，楚国才会安定。"

要是有志的话，那么没有一件事不是正经的。楚庄王喜欢打猎，就是这样啊！

不肯嫁祸

楚昭王的时候，有云朵像飞鸟一样，夹着太阳飞了三天。昭王颇为担忧，赶紧派人骑驿马到东方去问太史州黎。州黎说：

"不好了！这个灾祸将要降临大王的身上；不过，拿令尹司马当替身就不要紧。"

令尹司马听到这回事，就赶紧斋戒沐浴，想用自己的身体去祷告天地神祇，然后自杀，好替昭王禳除灾殃。

昭王说：

"别那样做！楚国有我，就好像人身有胸胁一样；至于有令尹司马，就好像人身有大腿和手臂。胸胁有病痛，转移到手脚上，也一样是病痛，病痛怎么会离开身体呢？要降灾殃就降吧！我自己来承担，不准嫁祸给大臣。"

楚昭王把令尹司马叫来身边，不准他牺牲生命。后来也没有什么怪现象发生，楚昭王照常活得好好的。

求得谏者

有人信口对赵简子说：

"君王为什么不改正过失呢？"

"好的。"简子答应了。

左右大臣们怀疑地问：

"君王根本没有过失，要改正什么呢？"

赵简子说：

"我答应'好的'，不一定表示有过失。我是想求得肯来规劝过失的人。现在要是我回绝他，那就是拒绝规谏的人，想规谏我的人一定会因此而裹足不前，那么我有了过失就永远改不过来了。"

多辅少拂

韩武子出去打猎，猎狗马匹车辆都已经准备好了，正要开始奔驰追逐野兽的时候，突然传来个噩耗说："晋公去世了。"

武子对栾怀子说：

"你知道我是喜欢打猎的人，现在猎狗马匹车辆都准备好了，我可以打完猎再回去吊丧吗？"

怀子回答说：

"范氏被智氏灭掉，只因为多辅助的臣子而少匡正的臣子。现在我只是您的辅助之臣，晶才是您的匡正之臣，您怎么不去问问晶呢？"

武子说：

"你是想匡正我吗？你匡正我就好了，何必推到晶身上呢？"

韩武子就中止了狩猎。

援琴撞君

师经弹琴，魏文侯闻声而起舞，很得意地吟哦道：

"使我言而无见违。"

师经拿起琴来就去撞文侯，没有撞到，把文侯的帽穗撞断了。文侯被这突然的一撞惹得冒火，大声喝问道：

"为人臣而撞国君，该当何罪？"

"罪当烹杀。"左右侍臣齐声回答。

于是武士们就把师经拉扯到堂下。师经回头叫道：

"我可以说句话再死吗？"

"你说！"文侯怒不可遏。

师经慢慢地说道：

"以前尧舜当天子的时候，唯恐说的话人家不违背；桀纣当天子的时候，唯恐说的话被人违背。我刚刚撞的是桀纣，不是撞自己的国君。"

文侯赶紧说：

"释放他！释放他！这是我的过错。把琴悬挂在城门上，好作为我的符信。不要修补帽上的穗子，好作为我的警戒。"

景公奔丧

齐景公出游于菱，一听到晏子的死讯，赶紧搭上车子，换上白色服装，尽速赶回去。车子跑得很快，他却嫌迟，自己就下车跑。跑了一会儿，知道自己跑路不如车子快，只好又乘车。像这样子上上下下的，回到国都时，总共反复了四次。

一回到国都，边跑边哭地到达晏子的灵位前，伏着尸体号啕哭诉道：

"您这位大夫不分日夜督责我，一点也不肯放过，我还是很放肆而不知收敛，已经在老百姓身上积压了很多怨恨罪过。现在老天爷降灾祸到齐国，不降到我的身上却加到夫子的身上。齐国的社稷快危险了，老百姓将要向谁去诉苦呢？"

都想要鱼

有一天，齐景公请大夫们喝酒。喝得正酣乐的时候，景公大谈嗜好，品评食物，最后下结论说：

"总之，吃海鱼可以补脑，所以我最喜欢吃海鱼。"

"难怪大王越来越精明喽！"大夫们异口同声地欢呼。

喝过了酒，就是射箭的余兴节目。齐景公射箭，箭射出了靶外。景公自觉不够精明，偏偏堂上一齐喝彩叫好，简直像出自一张嘴巴。景公立刻变了脸色，摇着弓矢大声叹气。弦章刚好走进来，景公大声向他说：

"弦章啊！自从我失去了晏子，到现在已经十七年，都不曾听到有人批评我的过失。刚刚我射箭射出了靶子，喝彩叫好的声音，简直像出自一张嘴巴。"

弦章回答道：

"这是臣子们不够贤慧才会如此。智慧既不够去了解大王的长处，勇气又不够来冒犯大王的脸色。然而我听过这样的事：凡是国君喜欢的，臣子们就会顺从他的意思；凡是国君爱吃的，臣子们就提供给他吃。像那尺蠖，吃了黄色的东西，身体就变黄；吃了绿色的东西，身体就变绿。大王大概还会陷入别人的甜言蜜语中吧！"

"好！好！今天说的话，弦章算是国君，我算是臣子。"景公高高兴兴地说。

这时渔夫们一个接一个驾着车送大量海鱼来了。景公乐坏了，顺手就要赏赐五十条大鱼给弦章。弦章却说：

"大王喜欢吃鱼，这一下好了，满街都是载鱼的车子，把路都给塞住了。刚才喝彩叫好的人，原来都等着分享大王的鱼呀！让大王赏给他们吧！我没有分鱼的心理准备，请不要把我也算在内。"

鲁君惧弒

齐人弒杀了他们的国君，鲁襄公在朝堂上听到了这个消息，拿着戈猛站起来叫道：

"谁敢？哪一个臣子敢谋杀自己的国君？"

鲁襄公虽怒瞪着双眼扫射群臣，身体却尽自在打战。

师惧接口说道：

"那齐君领导无方，任用小人，放纵一己的欲望去凌虐万民的性命，已经失去了设置人君的本意；他遭到杀身之祸，可说是自己找来的。如今国君您竟不痛惜万民的生命，反而哀悼一个人的死亡，这是极端错误的！固然谋弒的臣子无道，那样的国君也不值得惋惜呀！"

借人利器

司城子罕当宋国宰相，对宋君说：

"国家的安危，百姓的治乱，在于国君能不能实行赏罚。赏得恰当，贤能的人就得到鼓励；罚得恰当，坏人就会绝迹。赏罚如果不恰当，那么贤能的人就得不到鼓励，坏人也不会绝迹。那些坏人互相结党营私，专门欺蒙主上，来争夺名利，不可不注意呀！那有关奖赏赐予的事情，是人人喜欢的，就由国君自己来做吧！至于刑罚杀戮的事情，是人人讨厌的，让我来执行好了。"

宋君说：

"好！就这么办。由你去做坏人，主持惩罚；我来当好人，只管奖赏。这样做，铁定不会被天下诸侯笑的。"

子罕专门搞刑罚的事，宋君落得做个老好人，一切都推托到子罕身上。国人知道刑罚杀戮的大权都操在子罕的手中，于是大臣们都亲近他，百官们也都归附他。只过了一年，子罕就驱逐国君，独揽起宋国的政治大权。老子说："鱼不可离开深渊，国家赏罚的利器不可以随便给人。"说的就是这一番道理呀！

臣术第二

进贤为贤

子贡问孔子：

"现在那些当官的，哪一个最贤能呢？"

"我不了解他们。"孔子拐个弯说，"不过，以前齐国的鲍叔牙和郑国的子皮，可以称得上是贤能的人。"

"难道齐国的管仲和郑国的子产都排不上名吗？"子贡问。

孔子说：

"赐啊！你仅知其一，不知其二。你说为国推荐人才较贤能呢？还是为国效力较贤能呢？"

"为国推荐人才比较贤能吧！"子贡说。

"不错！"孔子说：

"我听说鲍叔牙推荐管仲，子皮推荐子产，却没听说管仲、子产又推荐了谁。"

选任宰相

魏文侯想任用新宰相，把李克叫来询问道：

"季成子和翟黄这两位，究竟用哪个当宰相比较好呢？"

李克说：

"我听说：贱不谋贵，外不谋内，疏不谋亲。我是个疏远低贱的人，怎好参与这种事呢！"

"这是国家大事，希望先生不要推辞。"文侯说。

李克说：

"您只要稍微观察一下，就能决定了。尊贵的要看他所推荐的人才，富有的要看他所结交的朋友，贫贱的要看他是否有所不取，穷困的要看他是否有所不为。经过这一番分析，您就可决定人选了。"

"先生可以走了，我的宰相人选已决定。"

李克出来后，就去拜访翟黄。翟黄问道：

"听说国君向先生请教宰相的人选，究竟谁被选上了？"

"季成子会当宰相。"李克说。

翟黄变了脸色，很不高兴地说：

"我对先生真是失望。"

李克说：

"你怎么轻易地就对我失望呢？你把我推荐给国君，难道是要和我结党来求得大官吗？国君问我谁当宰相比较好，我只是回答说：'尊贵的要看他所推荐的人才，富有的要看他所结交的朋友，贫贱的要看他是否有所不取，穷困的要看他是否有所不为。经过这一番分析，您就可决定人选了。'国君接着说：'我的宰相人选已决定。'因此我才断定是季成子被选上。"

翟黄还是不高兴地唠叨：

"我为什么就不能当宰相呢？西河的太守，是我推荐的；计事内史，也是我推荐的；大王想攻占中山，我推荐了乐羊；没有治国之臣，我就引进先生；没有人教导王子，我也引进了屈侯附。我哪一点不如季成子？"

"你确实不如季成子。季成子享有千钟粟的采邑，十分之九都用之于结交贤士，十分之一才留在家里，所以从东方得到卜子夏、田子方、段干木。他所推荐的，都是人主的师傅，你所推荐的，只不过是当官的好料子。"李克说。

翟黄听了，一下子惭愧起来，低着头说：

"我冒犯了先生。我还得磨炼磨炼，再跟您学。"

翟黄的话还没讲完，有人来报告季成子已被任命为宰相。这时候翟黄不再吭声，显出一副见不得人的惭愧样子，后来竟有三个月的时间不敢出门。

进贤亦贤

田子方渡过西河去拜访翟黄，远远看到一列车队，撑着华丽的车篷，马络头都金光闪闪，车座上铺着双层的席子。像这样的四马大车竟有八十辆之多。田子方想：大概是国君出巡吧！道路狭窄，田子方只好站在路边等待车队通过。站了好久，目送一辆辆车经过面前，扬起的尘埃好难受。忽然，田子方看到有一辆车竟停下来，一个大官员慌忙下车，走到他的跟前，选个下风处站着说：

"是我翟黄呀！"

"怎么是你呢！我刚刚看到你，还以为是国君呢！你不过是个人臣，怎么能够拥有这样的排场呢？"田子方说。

"这都是国君的恩赐，累积了三十年，才有这些。刚刚想偷个空到郊外逛逛，正好遇到先生。"

"为什么国君会赐给你这样多的车子呢？"

翟黄回答道："以前西河没有适当的人可以防守，我推荐了吴起；西河外的宁邺没有县令，我推荐了西门豹，使魏国不用忧虑赵的入侵；酸枣没有县令，我推荐了北门可，使魏国不用担忧齐的入侵；国君想要攻占中山，我推荐乐羊，就攻取了中山；魏国没有治国的大臣，我推荐了李克，魏国就很安定。由于推荐了这五位大夫给国君，爵禄屡次增加，才有今天的荣耀。"

"好的！你勉力去做吧！魏国的宰相不会舍弃你到别处去找的。"田子方说。

翟黄却谦虚地回答道：

"国君的亲弟弟公孙季成，推荐子夏，国君就尊之为师；推荐段干木，国君就以之为友；推荐先生，国君就对您特别尊崇。他所推荐的，都是老师、朋友，这是属于敬畏的一类。至于我所推荐的，只是恪尽职守、享受俸禄的官员罢了。我怎么够资格当魏国的宰相呢！"

田子方说：

"我听说自己本身贤能固然是贤者，能够推荐贤者给国君，也算是贤能呀！我看你所推举的五位大夫都是贤能之士，你该再接再厉，下一次就轮到你当宰相了。"

何患国穷

齐威王出游于瑶台，成侯卿赶来向他报告事情，身后跟着一大堆衣着车马极为讲究的人。齐威王远远看着，问左右侍从说：

"来的那些人是干什么的？"

左右侍从说：

"那是成侯卿。"

"我们国家这样穷，为什么出门要那么讲究排场？"齐威王说。

"把东西给人家的，就有权要求人家；接受人家东西的，就得为人家尽义务。"左右侍从说。

齐威王正想问清楚他的意思，成侯卿就到了。成侯卿上前觐见齐威王说：

"田忌来了。"

威王不作声。

"田忌在这儿。"成侯卿又说。

威王还是不吭声。

"田忌在此待命。"成侯卿又说。

"今天国家正在闹穷，为什么出个门还要这样排场？"齐威王终于悻悻地问。

"请赦免死罪，让我先说几句话。"成侯卿说。

"好吧！"威王说。

成侯卿不慌不忙地说：

"我推荐田居子治西河，就削弱了秦、梁的力量；我推荐田解子治南城，楚人就拿丝织品来进贡；我推荐黔琢子治冥州，燕人就进贡牲畜，赵人也来献器皿；我推荐田种首子治即墨，齐国因此而富饶；我推荐北郭刁勃子为大士，也使得王族更加亲近，人民更加富庶。我推荐了这几位贤能的人，大王尽可高枕无忧，怎么还担忧国家贫穷呢？"

让贤是福

秦穆公派商人去运盐，动用了很多牛车。商人用五张黑色公羊皮向奴隶贩子买下百里奚，也叫他赶盐车运到秦国去。盐车到了秦国，秦穆公亲自出来察看，看到所有拉车的牛都瘦巴巴的，只有百里奚所赶的那头牛很肥美。穆公向他问道：

"载得那么重，跋涉了那么遥远又危险的路，你这一头牛为什么还这样肥呢？"

百里奚回答道：

"我让它定时吃喝，赶它上路又不暴虐，遇到危险的路段，我一定亲自照料它。大概是这样才肥吧！"

穆公一听这番话，知道百里奚是个君子，就叫人让他好好洗个澡，换上新衣帽。果然百里奚摇身一变，光彩焕发，再也看不出是个卑贱的奴隶了。秦穆公跟他一交谈，谈得非常高兴，竟然忘了疲倦。

第二天，秦穆公和公孙支讨论政务。只讨论了一会儿，公孙支就发觉了不对劲儿，心神不安地说：

"主君今天的耳目特别聪明，思虑非常周到仔细。主君大概见过圣人吧！"

"是呀！我非常欣赏百里奚的言论，他就像个圣人。"秦穆公喜滋滋地说。

公孙支回去后，又拿一只雁来向秦穆公贺喜道：

"主君已得到社稷的圣臣，我特别来为国家祝福。"

穆公一点也不推辞，拜了两拜便接受了礼物。

第二天，公孙支自动把上卿的职位让给百里奚，说：

"秦国地处偏僻，人民鄙陋愚蠢，而无知正是危亡的根本。我自知智慧比不上百里奚，请把上卿让给他。"

穆公不肯答应。公孙支又说：

"主君不用人介绍就得到社稷的圣臣，这是主君的福气；我见到贤能的人而有机会让贤，这是我的福气。如今主君既然享受这份福气，怎么能叫我丢掉这份福气呢？请让我也得到好处吧！"

穆公还是不答应。公孙支又说：

"我不贤而占据高位，这使主君失去了为政的体统。不贤而乱了体统，这是我的罪过。进用贤者而辞退不贤的，这是主君的英明。我要是继续占据高位，那就损害了主君的美德，而且违逆了人臣的操守。主君不答应的话，我只好逃亡了。"

秦穆公不得已才接受公孙支的辞让，改任百里奚为上卿总理国政，由公孙支退居次卿来辅佐他。

身佚国安

赵简主从晋阳到邯郸去，在半路上吩咐停车。赶车子的官吏请示为什么要停车。简主说：

"董安于落在后面。"

"这是三军的事情，主君怎么为了一个人而耽误三军的行动呢？"赶车子的官吏说。

"好吧！"简主无可奈何地说。

车队走了百来步，简主又吩咐停车。赶车子的官吏又要来劝说，正巧董安于赶到了。简主说：

"秦国和晋国的通路，我忘记叫人把它堵塞住。"

"这是安于所以落后的原因。"董安于说。

"官府的宝璧我忘记派人把它运来。"简主又说。

"这是安于所以落后的缘故。"董安于回答。

简主真是善于自我反省，又懂得赏识人才，所以才能够自己既轻松而国家又安定。御史大夫周昌说："一个国家的领袖，真能像赵简主那样的话，国家就不会有危险了。"

社稷之臣

有一天晏子陪齐景公坐。早晨天气很冷，景公叫晏子送热食来。晏子回答道：

"我不是管国君饮食的臣子，对不起。"

景公又说：

"请拿件皮衣来穿吧！"

"我又不是管国君衣服的，对不起。"晏子又说。

"那么你究竟能替我干什么呢？"景公沉着脸问。

"我是国家的大臣。"晏子回答。

"什么叫作国家的大臣？"景公追问。

晏子回答道：

"国家的大臣，能够使国家稳定：能够分辨君臣上下的情谊，使它合理化；能够制定百官的秩序，让它恰到好处；能够拟定外交辞令，足以布达四方。"

打从这次的教训以后，齐景公不按照应有的礼节就不敢接见晏子。

敝车驽马

晏子上朝的时候，坐的是破旧的车子，驾的是瘦羸的劣马。

景公看见了，笑道：

"嘻！夫子的待遇太低了吧！怎么坐这么蹩脚的车呢！"

晏子回答说：

"靠着国君的赏赐，才使得我的父母妻三族以及朋友们能够过活。至于我，只要吃得饱穿得暖，有一部蹩脚的车马代步，已经很满足了。"

晏子回去以后，景公派梁丘据把御用的一辆高大车子和四匹健壮的马赠送他。晏子连续退还三次，不肯接受。景公很不高兴，便紧急召见晏子。晏子来了，景公就说：

"夫子再不接受，我从此也不坐车了。"

晏子回答道：

"国君派我监临文武百官，我节省衣服饮食的花费，做人们的榜样，还怕百官奢侈浪费而行为不检点呢！要是让四匹壮马拉着高大的车子，国君乘坐它，我也窃用它，那么一旦人们不讲道义，弄得衣食奢侈浪费，行为不检点，我就没办法禁止他们了。"

晏子最后还是辞掉景公的赏赐。

彰君之赐

齐景公喝酒，陈桓子在旁陪着。陈桓子看到晏子来了，就告诉景公说：

"请罚晏子一杯酒。"

"为什么呢？"景公问。

陈桓子说：

"晏子穿着黑布衣、披着麋鹿裘、乘着柴车、驾着劣马来上朝，根本就是埋没国君给予的恩泽。"

"好的！"景公答应。

斟酒的人捧着酒杯送到晏子面前说：

"国君下令罚你喝酒。"

"什么道理呢？"晏子向景公请示。

陈桓子接口说：

"国君赐给你贵卿的名位来提高你身价，赏赐百万的俸禄来使你的家富有；众臣子们的爵位再也没有人比你尊崇的，俸禄再也没有人比你优厚的。如今你竟然只穿着布衣、披着麋鹿裘、乘着柴车、驾着劣马来上朝，这就是故意埋没国君的恩泽，所以该罚你喝酒。"

晏子赶紧离开位子，站起来请示道：

"请问是叫我先喝了以后再解释呢？还是先解释以后再喝？"

"解释了再喝酒吧！"景公说。

晏子于是清清喉咙，说道：

"国君赐予贵卿的名位来提高我的身价，我不敢向人炫耀，是为了便于推行国君的命令；国君赏赐百万的俸禄使我的家富有，我不敢铺张享福，是为了更加推广国君的恩泽。我听说古时候的贤臣，如果接受优厚的赏赐却不爱护他的国家的，就该受惩罚；身处职位而不能够胜任尽责的，就该受惩罚。国君的宗族，我的父兄辈，如有离散在荒郊而得不到照料的，这是我的罪过；国君的百姓，我管辖的人民，如有流亡在国外的，这是我的罪过；军事装备不充实，战车没有整修，这是我的罪过。至于乘着柴车驾着劣马来朝见主上，这怎么算是罪过呢？况且我靠着国君的赏赐，使得父系的亲人都有车可乘，母系的戚友都不愁衣食，妻系的戚友都没有冻馁的，就连国家遴选的士人等待我赠予才能烧饭的也有数百家。像这样的做法，究竟是隐埋国君的恩泽呢？还是彰显国君的恩泽呢？"

"做得好！请替我罚桓子一杯酒。"景公说。

居下犹土

子贡对孔子说：

"我当人家的部属，却不知道怎么当法。"

孔子说：

"做人家的部属，该像土一样吧！播种了就有五谷长出，掘下去就会冒出甘泉，草木种在它上头，禽兽靠它而繁殖，活人站立在它上面，死人埋葬在它里头。土的功用这么多，却默默无言。做人家的部属，该像土一样吧！"

建本第三

南山桥梓

伯禽跟康叔封回镐京觐见成王的时候，见了三次周公，三次都被鞭打。康叔封很惊慌地对伯禽说：

"有位贤人叫作商子，我们去请教他吧！"

康叔封和伯禽见了商子就说：

"前日我们两个回京觐见成王，顺便拜见周公，但连续三次都挨揍，究竟是什么缘故？"

"两位怎么不一起去看看南山南面的那一棵树呢！那棵树叫作桥。"商子说。

他们就相偕往南山的南面，看见桥树高耸云霄，挺拔直立在那儿。他们瞻仰了一番，回去把看到的情形向商子报告，商子就说：

"桥树，正是象征着父道。"

商子又说：

"你们怎么不再去南山的北面看看呢！那里也有棵树，叫梓。"

他们又相偕到南山的北面去，看到梓树长得很茂盛，枝条四垂俯伏于地。他们观赏了一番，又回去向商子描述。商子说：

"梓树，正是象征着子道。"

第二天，他们两位又一起去见周公，一进门就碎步快走，登上厅堂就跪伏在周公跟前请安。周公很和蔼地抚摸着他们的头，慰问他们的辛苦，并跟他们一道吃饭。

"昨天你们见过哪位君子呢？"周公问。

"见过商子。"两位赶紧作答。

"商子果然是一位君子啊！"周公说。

挨打陷父

曾参到瓜园除草，不小心把瓜根斩断了。他的父亲曾皙非常生气，顺手拿起扁担就要打他。曾参乖乖跪着接受惩罚，没挨几下就昏了过去，倒在地上。过了一会儿，他清醒过来，惊慌地爬起，颠颠蹶蹶走到在一旁发愣的父亲跟前跪下。曾参说：

"刚才儿子得罪了父亲，害父亲用力教训。父亲没受伤吧！"

曾参得不到答复，看父亲还是气呼呼的，想拿扁担给父亲，才发现扁担已经断了。曾参这下更恐慌，一再请曾皙息怒恕罪。好不容易曾皙才迸出话说：

"你没事吧！以后要谨慎，别惹恼我。回家休息去。"

父亲搀着儿子走回家。曾参虽然头晕晕的，大腿也很痛，仍有说有笑。他知道父亲很心疼，搀他的手仍在抖颤。一回到家，曾参就躲到屏风后面，拿出琴来，弹他心爱的曲子，哼着快乐的歌调，想让父亲听到他的歌声，知道做儿子的心境很平和。曾皙本是个音乐家，善于弹琴弹瑟，曾参的瑟艺还是他亲自调教出来的呢！

曾参到底还是病了，不能够去上课，就拜托同学向孔子请假。曾参是孔子最得意的门生之一，年纪轻轻的，学问很渊博，领悟力又强，尤其孝顺父母更是远近皆知。孔子正想把道业都传给他呢！孔子一知道曾参被揍得半死这回事，就指示门生说：

"曾参该勒令退学，以后不要再来了！"

曾参自己认为没什么过失，不应该被退学，就拜托人陪他去向孔子请罪。孔子说：

"你听说过瞽叟有个儿子叫作舜吗？舜侍奉他的父亲，如果父亲使唤他，他就在父亲身边；如果父亲要杀他，绝对找不到。小鞭子抽几下，就等着接受教训；父母拿起大棍子，就要赶快跑，躲过父母一时的冲动愤怒。如今你不知躲避，竟跪下来接受父亲暴怒下挥动的扁担。你要是被打死，你就陷害了父亲，不义不孝，还有比这更大的吗？难道你不是人吗？杀害一个人该当何罪？"

凭曾参那样的聪明，又受到孔子特意的调教，自己有罪还不知道，由此可见行为要恰到好处真难呀！能不谨慎吗？

伯俞之哭

伯俞犯了过错，被母亲鞭打后哭了。他的母亲说：

"以前你挨打都不曾哭，今天为什么哭呢？"

"以前犯了过错，承蒙母亲教训，都觉得很痛；今天母亲的教训却没什么力气，我一点也不觉得痛，所以才哭。"伯俞回答，抽抽泣泣地。

炳烛之明

晋平公对师旷说：

"我已经七十岁，想研究学问恐怕已经晚了。"

"为什么不点亮火烛呢？"师旷说。

"哪有做人臣子的还开国君的玩笑？"平公说。

师旷回答道：

"我这个瞎眼的人怎么敢开国君的玩笑呢？我听说过，少年喜欢学问，好像刚升空的朝阳；壮年喜欢学问，就像日正中天；老年喜欢学问，如点亮的火烛。请问点起火烛的光亮，比起暗昧中的摸索，哪一样好呢？"

"你说得真妙！"晋平公说。

学以免苦

宁越，中牟地方的乡下人，深感耕田太辛苦了，就对朋友说：

"怎么样才能免掉这种劳苦呢？"

"要脱离这种劳苦，再也没有比读书有效的。最多读二十年的书，就可以脱离苦海了。"

宁越说：

"既然如此，那么我就花十五年的时光来读书吧！人家要休息，我将不休息；人家要睡懒觉，我绝不敢贪睡。"

宁越努力不懈地读了十五年书以后，学问渊博，德行芳醇，终于被周威王尊为老师。

南山之竹

孔子问子路：

"你喜欢什么？"

"喜欢长剑。"子路回答。

孔子说："我不是问你喜欢哪样东西，而是问你想要学什么！如果凭你已具备的才能，再加上一番学问的修养，谁能赶得上你呢！"

"学问也能增加力量吗？"子路问。

孔子说：

"一个国君如果没有敢诤谏的臣子，国政就会腐败；一个读书人如果没有教导自己向善的朋友，品德就会变坏。正在狂奔的马匹，绝不能松懈鞭策；已经可以用的弓，还得安放在檠器里才不会变形。木材接受墨线的约束，才能刨得笔直；人能接受忠告，才会日趋完美。能接受学问，注重请教，还有谁不会顺利成功呢？要是破坏仁道，讨厌读书人，那简直是终生在接受刑罚。所以说君子不可以不从事学问的修养。"

子路说：

"南山有竹子，不用人工搓揉矫正就非常笔直；砍来做箭杆，可以射穿坚韧的犀牛皮。这样说来又怎么用得着学问的修养呢？"

孔子说：

"南山的竹子本质固然美好，要是把箭尾安上羽毛，把箭头磨得很锋利，那么射进去不是更深吗？"

子路听了马上下拜说：

"敬受教诲！"

一意孤行

子路向孔子请教道：

"丢开古人传下来的学问，一切都照我自己的意思去做，可以吗？"

孔子答道：

"不可以。以前有个东夷人，很羡慕我们中原的文化。他有个已出嫁的女儿，女婿不幸死了。他为了要女儿守节不改嫁，特地为她找了个男人，女儿果然终身不再嫁人。不改嫁虽是不改嫁，却不合乎守贞节的意义呀！

"苍梧有两兄弟，真可以说是兄友弟恭，乡邻都很称颂。兄弟先后结了婚，弟弟所娶的妻子既美丽又温柔，弟弟就自动提出要求，想跟哥哥交换妻子。忠诚虽是忠诚了，却不合礼法呀！

"如果你要丢开古人传下来的学问，一切都照你自己的意思去做，怎么知道你不是以非为是、以是为非呢？起先不拿前人的学问做参考，等到碰了壁、烫了手，虽想反悔，恐怕也难补救了！"

王者贵天

齐桓公问管仲：

"帝王要尊敬什么？"

"要尊敬天。"管仲回答。

桓公仰起头来瞻仰天。

管仲说：

"所谓天，并不是指广大无边的苍天；当人主的，要以百姓为天。百姓称颂他，社会就会安定；百姓帮助他，国家就会富强。要是百姓说他不好，国家就很危险；要是被百姓背弃他的话，也就注定要亡国了。"

竞追野兔

楚恭王有很多宠爱的儿子，一直没有册立一个当太子。屈建故意批评道：

"楚国将来一定有很多祸乱的。一只野兔窜过街头，就会吸引千万人的追赶，等到有一个人捉到了这只兔子，那千万人也就不再追赶了。当所有权还没有确定的时候，即使只是一只奔窜的野兔，也会使得千万人起纷扰，等到名分确定了，即使是贪婪的人也晓得停止追逐。如今楚国有那么多得宠的王子，却不册立继位的太子，祸乱将由此发生。太子，是国家政权的继承人，也是老百姓仰望的对象，要是不确立继承人，使得老百姓失去敬仰的对象，也就断绝了国家的根本。根本断绝，就会混乱纷争，就像万人追赶兔子一样。"

恭王听到了这一番议论，赶紧册立太子。虽然这样，后来还是免不了有令尹围和公子弃疾的乱事发生。

为国忍辱

赵简子以襄子为继承人。董安于说：

"无恤缺乏才干，如今却立他为继承人，是什么道理呢？"

"因为他能为国家容忍自身的耻辱。"简子说。

有一天，智伯和襄子一起喝酒，竟拿酒浇灌襄子的脑袋。襄子的大夫们都很生气，要求杀掉智伯。襄子却说：

"先君所以叫我继承君位，是因为我能为国家而忍受自身的耻辱。我怎么能轻易地杀人呢！"

　　过了十个月以后，智伯唆使韩、魏二国君一齐攻伐赵国，把襄子围困于晋阳。被围困了三年，襄子终于说服韩、魏二国君背叛智伯，合力把智伯歼灭。而智伯的脑袋壳一落在襄子的手中，竟被漆成了酒器。

立节第四

不配礼敬

楚国攻占陈国后，楚人看到陈国的西门被战火烧毁了，就派陈国投降的人去修理。孔子坐车经过那里，竟不在车上凭轼为礼。子路说：

"仪礼上规定：乘车的人，遇到三个人在一起就要下车行礼致敬，遇到两个人也要在车上凭轼为礼。现在陈国修城门的人那么多，老师为什么不向他们行礼？"

孔子说：

"我听说过：国家亡了还不知道，就是不智；知道国家亡了却不去奋斗，就是不忠；对国家尽忠，却没有为国牺牲，就是不廉。现在陈国那些修城门的人，不是不智就是不忠，不是不忠就是不廉，所以我不向他们行礼。"

兄弟让国

宋襄公兹父当太子时，知道桓公很宠爱后妻的儿子公子目夷，于是向桓公提议说：

"请让目夷当太子，将来我可以做他的宰相来辅助他。"

"为什么要这样呢？"桓公问。

"我有个舅父在卫国，很疼爱我，要是我将来继位为君，就不方便去探望他了。不到卫国去探亲，就违背了母亲临终的叮咛；何况我自己也知道比不上目夷的开明。"兹父回答。

桓公不肯答应。兹父想尽办法，硬是要让位，后来桓公才勉强答应。

桓公将立公子目夷为太子，目夷推辞说：

"做哥哥的当太子，弟弟在下面，这样才合情理；如果做弟弟的当太子，哥哥在下面受委屈，就不合情理了。假如叫我干不合情理的事，我将要逃走。"

目夷真的就逃到卫国去，兹父也跟着逃到卫国。过了三年，桓公患重病，派人去召兹父回国，特别吩咐道：

"兹父要是不回国，将会让我忧虑而死。"

到了这个地步，兹父只好赶紧回国。等到桓公再度册立兹父为太子，目夷才回国团聚。

忠诚不二

楚平王暗中派城父司马奋扬杀掉太子建。奋扬还没赶到太子建寓所，就先透露了消息，太子建因而逃奔到宋国去。楚平王很生气，叫城父的官吏把奋扬抓起来，没想到奋扬早就自动回到平王面前请罪。平王责骂道：

"话从我嘴里说出去，只进入你的耳朵。究竟是谁告诉建的？"

奋扬回答道：

"是我告诉他的。不过，大王以前曾命令我：侍奉建要像侍奉大王一样。我不聪明，一下子不能改变平日侍奉太子的忠诚，所以接到命令后,马上派人通知太子,过后虽然懊悔,也来不及了。"

"做了这种事,怎么还敢来见我?"

奋扬回答道:

"奉命办事没办成功,要是再不回来请罪,那就罪上加罪,即使想逃,也不会被收容的。"

楚平王想一想,也就免掉奋扬的罪。

刺客触槐

晋灵公暴虐无道,赵宣子老是劝谏他。灵公很不耐烦,就派壮士钮之弥去暗杀他。钮之弥天未亮时跳进赵宣子的宅院,看到宣子寝室的门已经打开,宣子也穿得整整齐齐的,坐在里头打盹。

"大概要上朝吧!时间还这么早。"钮之弥想。

钮之弥已经亮出利刃,一转念间,又悄悄退到阴暗处,叹口气喃喃自语道:

"像他这样不忘恭敬,尽心职守,真是人民的好公仆。暗杀人民的公仆,就是不忠;抛弃国君的命令,就是不信。只要有一样,就有损于壮士的英名,倒不如死掉好。"

钮之弥为了警告赵宣子,就在宣子的院子里撞槐树自杀而死。

行难两全

楚国有个读书人叫作申鸣,在家奉养父亲,孝行传闻全国。楚王想请他做宰相,申鸣不愿接受。他的父亲说:

"大王要请你当宰相,怎么不接受呢?"

　　"为什么不做父亲跟前的孝子，却要去做国君的忠臣呢？"申鸣回答。

　　"要是你能够造福国家，立义于朝廷，我就没什么忧虑了。我希望你去当宰相。"申鸣的父亲说。

　　"遵命！"申鸣答应了。

　　于是申鸣就上朝去，当了宰相。

　　过了三年，白公作乱，杀掉司马子期。申鸣打算去殉难，他的父亲阻止他说：

　　"丢开父亲而牺牲生命，怎么可以呢？"

　　申鸣回答道：

　　"我只知道：做官的人，身体归属于国君而俸禄送给双亲。我既然已抛开人子的身份去侍奉国君，能够不为国君而牺牲吗？"

　　申鸣硬着心肠跟父亲诀别，率领军队去包围白公。白公对党徒石乞说：

　　"申鸣是天下的勇士，如今率领军队来包围我，我怎么应付他才好呢？"

　　石乞说：

　　"申鸣是天下皆知的孝子，要是用武力把他的父亲劫持来，申鸣听到这消息一定会来求情，那时就可以跟他谈条件了。"

　　"真是妙计！"白公说。

　　白公立刻派人偷偷把申鸣的父亲劫持来，然后传话给申鸣说：

　　"你和我合作，我跟你平分楚国；你不和我合作，你的父亲就死定了。"

　　申鸣流着泪写了封信给父亲说：

　　"当初我是父亲跟前的孝子，现在我是国君的忠臣。我听说：

吃人家饭的要为自己负责的事而牺牲，接受人家俸禄的要竭尽自己的能力。如今我已经不能再做父亲跟前的孝子了，我是国君的忠臣呀！我又怎么能保全父亲的身体？"

申鸣于是加紧攻击，亲自拿着鼓槌击鼓，终于平定内乱，杀掉白公，不过，他的父亲也被杀了。

事后楚王赏给申鸣百斤的黄金。申鸣很难过地说：

"拿国家的俸禄，要是逃避国家的灾难，就不是忠臣。为了安定主上的国家，却使得自己的父亲被杀，根本就不是孝子。既然忠孝不能并存，行事不能两全，像这样而活着，还有什么面目站在天底下？"

申鸣于是就自杀而死。

知耻之勇

齐庄公将要讨伐莒，准备五辆华丽的车子，让所礼敬的武士乘坐。杞梁和华舟没有在五车之选内，都垂头丧气，认为是极大的羞辱，回到家里不吃不喝不言也不哭。杞梁的母亲说：

"你们如果活着的时候不讲道义，死后没有名气，那么即使是那五车的贵宾，哪一个人不会取笑你们呢？你们在世的时候能讲究道义，死后颇有名气，那么那五车的贵宾就在你们的脚下了。"

于是杞梁的母亲催促他们吃饭。他们下定决心，也就很满足地吃了一顿饱，然后赶去加入伐莒的行列。

杞梁和华舟委屈地陪坐在庄公的身边。军队刚到达莒国，没料到莒人竟出奇兵迎头痛击，把庄公重重包围住。杞梁和华舟跳下车英勇地格斗，砍下敌军三百颗脑袋。莒人好像看到凶煞神一样，纷纷逃窜。庄公简直看傻了。过了好一会儿，莒人已败退，庄公叫住杞梁、华舟，说道：

"两位勇士别再杀了！今后我愿意跟你们同享齐国。"

杞梁回答道："国君特选五车的贵宾来礼敬，没把华舟和我算在内，这是认为我们不够勇敢。面对敌人，舍身赴难的时候，拿利益来阻挠我们杀敌，这简直是污辱了我们的德行。深入敌军，多所杀戮，是我们战士的职责；齐国的利益如何，不是我们所顾虑的。"

杞梁和华舟继续联手向前恶斗，莒人溃不成军，连连败退，没有人敢抵挡他们两位。那五车的贵宾，早就蜂拥着跟在后头，收拾战利品。

追到莒城下，莒人撒下炽热的炭，铺得城墙下都是。杞梁和华舟束手无策，不知该怎么攻进城去。华舟回头高呼道：

"上选的五车贵宾，该看你们的了！哪一位先上城去？"

右边闪出一个武士应声说：

"我隰侯重听说古时候的勇士，在冒险犯难的时候，往往抱着一样东西而牺牲！来！我让你们垫脚。"

隰侯重拿着盾牌面朝下偃伏在炽炭上。杞梁和华舟踩过隰侯重的身体，迅捷地攀跳上城墙，攻进莒城。莒人一看到凶煞神，一下子逃得远远的。杞梁和华舟无心战斗，回头看着隰侯重而哭泣。华舟哭得久一点，杞梁便哽咽着说：

"你没有勇气吗？怎么哭得这样久？"

华舟忿忿地说：

"我怎么没有勇气呢！只因为他的勇敢跟我一样，却先我而牺牲，因此才为他而哀恸。"

这时莒人已重新鸠集，把杞梁、华舟重重包围住，而齐人却没有追随进莒城的。杞梁、华舟怒睁圆目，咬牙切齿，又要向前杀个痛快。莒人叫道：

"两位勇士不要牺牲！愿意和两位共享莒国。"

杞梁回答道：

"背叛自己的国家而归顺敌人，就不是忠臣；离弃自己的长官而接受赏赐，也不是正当的行为。何况对清晨鸡啼时候的誓言，一到日正当中就忘记，就是对自己不诚信。深入敌军，多所杀戮，是我们战士的职责，莒国的祸害如何，就不是我们所顾虑的。"

于是杞梁、华舟继续战斗，打得天昏地暗，又杀死了二十七人，终于精疲力竭，双双被莒人剁成肉酱。

杞梁和华舟的妻子听到这个消息，都哭哭啼啼地赶到仍被齐军密密包围的莒城来，在城墙下悲哀凄惨地哭号，哭得惊天动地，连城墙都被哭得扭曲歪斜，城隅也崩塌了一角。

一死止战

越国武力侵犯到齐国，防守齐都西门的子狄请求以死为殉。齐王说：

"鼓铎的声音还没听到，矢石还没交加，长武器还没接触，你为什么一定要牺牲呢？这难道是做人臣的礼节吗？"

子狄回答说：

"我听说：以前大王在园囿里打猎，车子左边的轮轴发出噪音，陪坐在车右的武士就请求为此而自杀。大王问他说：'你为什么要自杀？'车右武士回答道：'因为它吵到了我的君王。'

大王说：'车子左边的轮轴发出噪音，那是造车工匠的罪过，跟你有什么关系呢？'车右武士说：'我没看见工匠造车子，却听见车子在吵我的君王。'车右武士说完话，就抹脖子自杀而死。究竟有没有这回事呢？"

"确实有过这种事。"齐王说。

"如今越国武力入侵，它吵扰君王的程度，怎么会低于车左轮轴的噪音呢？车右武士都可以因左轮轴而死，我怎么不可以因为越国武力的入侵而死呢？"

子狄说完，也就抹脖子自杀而死。

越人听到这个消息，即刻下令甲兵后退七十里。越人说：

"要是齐王所有的臣子都像守西门的子狄，将会使得越国的社稷之神不能享受祭祀。"

越人不敢轻视齐国，不久也就班师回国了。事后齐王以上卿的葬礼，为子狄举行了隆重的国葬。

遁者死罪

楚人与吴人两军对垒，将要交战。楚国兵力单薄，吴国兵力雄厚，楚将子囊因而说：

"我与吴军针锋相对，必然溃败。这种玷辱国君，丧失土地的事，忠臣绝不忍心这样做。"

他没有向楚王请命，就擅自下令军队撤退，一直退到都城郊外。事后子囊派人去向国君复命说：

"臣请求赐予死罪。"

楚王回答说：

"将军躲避吴军的主力，是认为比较有利；如今也确实看出有了好处。将军用不着受死刑的。"

子囊再度派人向楚王报告说：

"临阵遁逃的人不处以死刑，那么后世为人臣子的，都将拿不利为借口，仿效我今日的遁逃。要是如此，那么楚国终将变成天下最衰弱的国家。臣还是恳请赐予死罪。"

子囊说完话，就先自杀而死。

楚王来不及阻止他，只好说：

"真是为国设想。既然这样，就让我来完成将军的大义吧！"

楚王下令用最粗劣的桐木做了三寸薄的棺材收殓子囊，还在棺材上摆着斧锧（刑具），并且把棺材行示于全国，用来申明临阵遁逃的罪。

袪衣入鼎

赵简子攻打范氏中行氏，伐中牟。佛肸打算归附赵氏，就策动中牟县反叛范氏中行氏。他摆设了将分封的食禄之邑的符契和烹人的滚沸大鼎，向中牟人士宣布道：

"支持我的分封食邑，不支持我的将烹煮他！"

中牟的士人都归附他。城北一个向来不被士看在眼内的人没接到通知，听到这个消息，也匆匆忙忙赶来凑热闹。他来慢了，食邑已分封完毕。佛肸正想表示歉意，不料他却撩起衣服，做势要踏进鼎里，一边朗声说道：

"我田基听人家说：一个义士，即使卿大夫的车服摆在眼前，只要不合乎义，就不接受；即使斧钺刑具押在身后，只要合乎义，死也不逃避。"

于是田基拉起衣服就要踏进滚沸的大鼎里，佛肸吓得转身就跑，逃到赵氏营地去。

后来赵简子加紧围攻中牟，屠杀了很多勇敢抵抗的人。占领中牟以后，论功行赏，竟然把田基列为第一个要奖赏的人。田基说：

"我听说廉洁之士不羞辱别人。我要是这样就接受奖赏，那么中牟的士人将终身感到惭愧。"

田基就背起母亲，迁徙到楚国去。后来楚王敬仰他的义行，礼聘他为司马。

守节死义

邢蒯瞆奉齐庄公之命出使晋国。刚回到国门，他的仆人就说：

"如今崔杼弒杀了庄公，您将到哪儿去？"

"快赶车吧！我将入宫赴死，回报国君。"邢蒯瞆严肃地说。

"国君暴虐无道，远近皆知，才落得被杀。凭夫子的品德，要为他而牺牲，不是很难说得通吗？"仆人说。

邢蒯瞆说：

"你说得很不错，但却说得太迟了。你要是早点跟我说，我会劝谏他；劝谏不听，我可以离开他；如今既不劝谏又不离开……我听说：享受人家俸禄的，要为人家牺牲生命。我既然享受乱君的俸禄了，又怎么能得到为治世之君牺牲的机会呢？"

邢蒯瞆终于赶回都城，进入宫中而赴死。他的仆人说：

"人家遭遇到乱君，尚且为乱君而死；我有高尚的主人，能不以死报答吗？"

这位高尚的仆人把马匹的缰绳绑好了，也就在车上自杀而死。

当时有个君子听到这件事，赞美道：

"邢蒯瞆可以称得上守节死义了。死，真是人们最难于处置得当的事啊！那个仆人的死，虽未能合义，但也算是有志气的人了。诗上说：'早晚都不敢偷懒，专心一意地事奉国君。'邢先生就是这样子呀！孟子说：'勇士不忘记奉献自己的脑袋。'那位仆人就是这样的人。"

布衣之义

燕昭王派乐毅讨伐齐国，齐闵王仓皇出奔，落得被淖齿挟制，不得善终。当乐毅初入齐时，听说盖邑人王歜很贤能，就下令三军说：

"盖邑周围三十里的地方不可闯入。"

这是为了尊敬王歜的缘故。不过，不久以后，又派人去向王歜说：

"齐人都敬重您的义气，我想任命您为将，封您万家邑。"

王歜一再谢绝燕人。乐毅老羞成怒，恐吓道：

"你不顺从，我将率领三军屠杀盖邑。"

王歜说：

"忠臣不效忠两个国君，贞洁的女人不嫁两个丈夫。只因齐王不听我的规谏，我才下乡耕田。眼看国家快被灭亡，我既不能挽救它，现在又要拿武力来胁迫我去当你的将领，这明明是叫我助桀为虐。与其无义而苟活，倒不如被烹杀！"

王歜想不出第二条路可走，只好走快捷方式，爬上树，把脖子套上绳索，绑在树枝上，用力一跳，把脖子拉断而死了。

齐国逃亡各地的大夫们听到王歜的殉国，都说：

"王歜是个布衣平民，还不肯背弃齐国而投向燕，何况是曾经当过官领过薪水的人呢？"

大家相约聚集到莒城，找到了太子，立为襄王。从此齐国人同心协力从事复国的艰巨任务，凭着残存的莒与即墨二城，不久就把失地全部收复了。

别君异友

左儒和杜伯是很要好的朋友，都是周宣王的大臣。宣王捏造罪名，将杀掉杜伯。左儒向宣王求情，求了九次，宣王还是不答应。宣王说：

"把国君撇在一边，待朋友特别好的，就是你。"

左儒回答道：

"我听说：如果君王好而朋友不好，就顺君王的意思去诛讨朋友；如果朋友好而君王不好，就率领朋友来违抗君王。"

"收回你的话就饶你一命，不收回就是死路一条！"宣王怒吼着。

左儒顶撞道：

"我听说古时的志士不枉屈正义而轻言牺牲，不改变说过的话来苟且求生。我宁愿是个志士，彰明君王的过失，我要以死来为杜伯的无罪而申辩。"

宣王还是拿捏造的罪名杀掉杜伯，而左儒也一起殉难了。

赴君之难

朱厉附事奉莒穆公，却不被赏识，后来自觉没趣，就离开穆公，冬天住在山林里吃芋栗，夏天住在洲泽边吃菱角莲藕。

莒穆公后来遇难而死，朱厉附打算去为穆公而殉难。他的朋友说：

"你事奉国君时不被赏识，如今国君遇难，却要为他牺牲，恐怕不值得吧！"

朱厉附说：

"当初我确实怪国君不能赏识我；如今国君遇难，如果我不为他而牺牲，岂不是变成我真的没什么值得欣赏的？我决心为国君而牺牲，借此来激励天下那些不能赏识臣子的。"

朱厉附不听朋友的劝阻，还是为穆公而殉难了。

代君夭折

楚庄王在云梦大泽打猎，射中了科雉，申公子倍竟出其不意地攻击庄王而抢夺了科雉。庄王将要杀他，有位大夫劝谏道：

"子倍向来很自爱，争夺科雉一定有原因。大王姑且宽恕他，再看看情形吧！"

不到三个月，子倍生病死了。

晋、楚在邲的战役，楚大胜晋。楚庄王凯旋回国，正当奖赏战功的时候，申公子倍的弟弟挺身而出请求奖赏。他说：

"人家有了功劳，早就该在车下赏他。"

"什么意思呢？"庄王问。

　　"我的哥哥读到一本古书，上面说：射到科雉的，不出三个月必死。我的哥哥抢夺了大王的科雉，以至于短命而死。"

　　庄王叫人找出府中的藏书来查看，果然有那样的记载，就从优抚恤申公子倍。

贵德第五

克殷安民

武王征服了商朝以后，召见姜太公，向他请教道：

"对于商朝的士人和老百姓该如何处置？"

太公回答道：

"我听说：爱护某一个人，连他屋上的乌鸦也一起爱护；讨厌某一个人，往往连附属小官吏也一起讨厌。把商朝的臣民统统杀光，叫他寸草不留。怎么样？"

"不能这样！"武王摇摇头。

太公出去后，邵公进来，武王又问他同一个问题。

邵公建议道："有罪的就杀掉，没罪的让他留下来。怎么样？"

武王还是认为不妥当。邵公出去后，周公进来，武王又问周公。周公回答道：

"让他们照老样子过活，住自己的屋子，耕自己的田；不用改变旧有的东西，只要亲近仁者；百姓如果犯了过错，就要引咎自责。"

武王赞美道：

"多辽阔的心胸啊！可以平定天下了。自古以来所以尊重士君子，就是因为他有仁爱的美德呀！"

仁爱及鸟

齐景公在王宫花园里找到一个雀巢，就伸手去抓取雏鸟。看到雏鸟太稚弱，浑身透亮，还没长毛，景公又把它送回巢去。晏子听到这回事，没待景公允许就闯进花园来。景公一看是晏子，怕得直冒冷汗。

"国君在玩儿什么呢？"晏子若无其事地明知故问。

"我刚抓了只雀雏，还太稚弱，又把它放回去了。"景公愧恧地回答。

晏子慢条斯理地晃到景公的南方，面向北朝着景公再拜祝贺道：

"国君具备圣王的条件了。"

景公不自在地说：

"我刚抓了雀雏，嫌它还稚弱，所以又把他放回去。这和圣王的条件又有什么关系呢？"

晏子说：

"国君抓雀雏，看到它嫩弱，又把它放回去，这是要让幼弱长大呀！国君具有仁爱的心肠，连禽兽都蒙受到恩泽，何况是老百姓呢？这就是达到圣王的条件了呀！"

令吏养之

齐景公在寿宫赏玩美景时，看到一个老年人背着薪柴，面有饥色。景公心里一阵难过，长叹一声说：

"叫地方官赡养他吧！"

晏子接口说：

"我听说：喜欢贤能的人而同情不贤能的人，这是确保国家的根本。如今国君怜惜老年人而恩泽普及全民，这也是治理国家的根本要务。"

景公听得乐坏了，露出得意的笑容。晏子顿了一会儿又说：

"圣王看到贤人就喜欢贤人，看到不贤的人就同情他。现在请国君下令调查那些无人供养的老弱和没有家室的鳏夫寡妇，衡量情形，给予赡养金吧！"

"好的！"景公欣然同意。

于是齐国的老弱有人奉养，鳏夫寡妇也有了家室。

有妻者少

齐桓公到平陵巡视，看到有个人年纪很老了，还在提水劈柴烧饭。桓公垂问他什么缘故，他回答说：

"我有九个儿子，因为家贫，都没替他们娶媳妇。儿子们都出去帮佣，我烧好饭就等着他们回来吃。"

桓公后来就把自己外头的五个嫔妃送给那个人家做媳妇。

管仲知道了，就觐见桓公说：

"您施予的恩惠显得太小了。"

"怎么说呢？"桓公问。

"等您看到了才施予恩惠，那么齐国有妻子的人就太少了。"

"那该怎么办呢？"桓公问。

管仲说：

"通令全国男子三十岁要成家，女子十五岁要出嫁。"

不如民急

赵简子春天的时候动用民工在邯郸修筑高台，偏偏遇到天老是下雨，不能继续施工，他就跟手下人说：

"可有没有要回去种田的？"

尹铎回答说：

"公事要紧，他们只好把稻种高挂在台上；这时候就是想去种田，也办不到了。"

简子猛然警醒，于是就停止筑台的工事。他说：

"我急着要修筑高台，毕竟不如人民种田的紧急；人民因为不必再为筑台而服劳役，也该了解我爱民的心意吧！"

不腐余财

孔子到楚国时，有个渔夫硬是要把一条鱼献给孔子，孔子不愿接受。渔夫解释说：

"天气很热，要是拿到遥远的市场去，坏掉了还是卖不出去。我想：与其丢掉它，倒不如献给君子。"

孔子拜了两拜接受了馈赠，回头叫弟子们把屋子打扫干净，要拿鱼来祭祀。

"人家想丢掉的鱼，如今老师却拿来祭祀，是什么道理呢？"弟子们都很怀疑。

孔子说：

"我听说：尽力地施舍，不让多余的财物腐烂，这种人就是圣人。如今我接受圣人的赏赐，能不祭祀吗？"

何必持剑

子路又在把玩着剑。孔子说：

"由啊！你的剑有什么用呢？"

子路回答说：

"遇到好人，带着剑可以保卫他；遇到坏人，带着剑可以保卫自己。"

孔子说：

"君子以忠为力量，以仁为武器，不用走出门户，就声闻千里之外；遇到坏人的话，用忠可以感化敌对，用仁可以围堵残暴。这样子又何必带着剑呢？"

"让我仲由撩起衣服来伺候先生吧！"子路顺服地说，不再玩剑了。

复恩第六

三赏不及

晋文公当年逃亡国外时，很多人跟他一起逃亡，其中有一位陶叔狐，任劳任怨，最为辛苦。文公回国即位后，奖赏有功的人，赏了三批，却没赏到陶叔狐。陶叔狐等不及，就去找文公的舅父咎犯，向他诉苦说：

"我跟随国君逃亡了十三年，脸都晒得黑黑的，手脚也结了硬皮。如今国君回国，赏了三番却没轮到我，或者是国君忘了我吧！还是我有大过失呢？请您替我向国君试探一下！"

咎犯向文公报告后，文公说：

"嘻！我怎么会忘记他呢！凡是高明贤达、德行真诚、拿正道来让我快乐，以仁德来让我喜悦，能够暴露洗涤我的行为，显扬我的名声，让我成为健全的人的，我都把他列为上等的奖赏；凡是拿礼来限制我，拿义来规谏我，屡次拉住我使我不能做坏事，常常介绍我到贤人门前请教的，我都把他列为次等的奖赏；凡是勇壮善战，危险在前就抢前抵挡，灾难在后就殿后护卫，使我不至于遭到患难的，我则把他列为第三等的奖赏。您难道没听说过吗？为人家牺牲生命的，不如存活人家的身体；跟随人家逃亡的，不如保存人家的国家。三次奖赏后，就要轮到劳苦的人了。那劳苦的人，陶叔狐就是第一位，我怎么敢忘记他呢！"

周的内史叔舆听到晋文公这一番话，赞美道：

"文公大概会称霸吧！以前的圣王都是先重视德而后才谈到力；文公的行赏，跟圣王相当了。"

耻于邀功

晋文公回国即君位时，到了黄河边，就下令把那些流亡期间用过的器皿褥席都丢掉，叫皮肤黝黑、手脚结茧的人走在后头。咎犯听到这个指令，在半夜里痛哭起来。文公知道了就问道：

"我在外国流亡了十九年，如今快要回国即位了，您不但不高兴，反而痛哭，这是什么缘故呢？可是不要我回国吗？"

咎犯回答说：

"器皿褥席，是流亡生活的凭借，却要抛弃它；皮肤黝黑、手脚结茧，是为了操作劳苦，却要走在后头。我听说国君被一般士人所蒙蔽，就找不到尽忠的臣子；大夫被一般朋友所蒙蔽，就找不到真诚的朋友。我被蒙蔽，觉得很悲哀，所以忍不住而痛哭。"

文公听了很难过，就在黄河边指着滚滚流水发誓：

"祸福利害要是不和咎氏同当同享的，就如白水一样，一去不回。"

经过一番慎重的祝祷，文公把一块白璧沉到水中，与咎犯立下盟誓。

介子推在旁冷笑道：

"献公有九个儿子，如今只剩下您一位了！上天不想断绝晋祀，一定会有君主的；主持晋国祭祀的，不是您会是谁呢？那两三个人却认为是自己的力量促成的，不是太离谱了吗？"

文公即位以后，奖赏那些跟着他流亡的有功人员，曾经割大腿肉给晋文公吃的介子推却没被赏到。他的母亲看他成天埋怨文公，就说：

"怎么不去求他呢？"

"已批评人家邀功的不是，自己还要去仿效，那就更恶劣了。况且已经口出怨言，怎么好再吃他的饭呢！"子推说。

"也让他知道一下吧！"子推的母亲说。

"言辞，是人身的文采；人都将隐退了，还要什么文采？"子推说。

"你能这样看破世情的话，我就跟你一起隐居避世吧！"

介子推的母亲成全儿子清高的心志，母子两个真的就隐居到深山里去，发誓至死不再见文公。

介子推的朋友们可怜他的遭遇，就在宫门口贴了一张海报，那海报上写道：

"有条龙很矫捷，突然间失去了住所，五只蛇跟随着它，游遍了天下。那条龙饿坏了肚子，一条蛇割下肉给它吃。后来龙回到了深渊，安居在老地方，四条蛇也跟着进了洞，都有住的地方；一条蛇占不到洞穴，却流落在野外号叫。"

文公出门看见了海报，说道：

"唉！这条蛇就是介子推。我一直忙着安定国家，没有奖赏他的功劳。"

文公派人去召他，已经不见了。于是探访他隐藏的地方，听说躲进绵上山中。文公派人上山去找，始终找不到，于是就把绵上山追封给介子推，号称介山。

积德有福

汉宣帝几个月大的时候，因为卫太子的变乱，曾经被关进监牢里，幸赖邴吉喂他吃东西，才没饿死。后来宣帝即位，大家都不晓得邴吉有过这件事，邴吉自己也不讲。邴吉老老实实地尽责，做他的官，逐渐升迁为大将军、长史，又迁调为御史大夫。这时宣帝终于听到自己婴儿期的遭遇，刚要封邴吉，却正好碰上邴吉病危。宣帝想赶紧派人把绅带披在邴吉的身上，趁着他还活着的时候封赏他。太子太傅夏侯胜说：

"他还不会死的。我听说：凡是积德的人，一定会及身享受到生前的快乐，并且把这种快乐留传给子孙。他还不曾享受到这种快乐，如今虽然病得很厉害，却不是无可救药的病。"

后来邴吉的病果然医好了。他被封为博阳侯，终于享受到积德带来的快乐。

非臣之力

乐羊为将攻中山，打了三年，吃尽苦头。占领了中山以后，乐羊向魏文侯报告胜利的战果，颇有矜夸功劳的样子。魏文侯命令文书官说：

"把群臣宾客所呈的报告拿上来。"

文书官抱了两只箱子进来，请乐羊过目。原来那都是责难批评乐羊攻伐中山的文件。乐羊看了后，红着脸，赶紧转回头走到文侯的南方，面朝北向文侯再拜说：

"中山的攻取，不是我的力量，那是国君信任我而促成的功劳。"

毁家纾难

平原君赵胜刚从楚、魏两国讨救兵回来，秦军就缩小包围圈，加紧攻击赵都邯郸。眼看着救兵还没到，邯郸城已经很危险，快要守不住了，平原君急得如热锅上的蚂蚁。邯郸传舍吏的儿子李谈找上平原君，问道：

"您不担忧赵国被灭亡吗？"

"赵国灭亡，我就变成阶下囚，怎么不担忧呢？"平原君说。

李谈说：

"今天，邯郸的老百姓，拿骨头当柴烧，交换子女煮来吃，可以说已困苦到极点，而您的后宫却有几百名宫女，妇妾们都穿着丝绸绉纱拖地板，厨房多得是吃不完的白米上肉。士民的武器用光了，有的就削木头当矛戟，您却拿器物钟磬来尽情玩乐。假如让秦军攻破赵国，您还会有这些吗？要是赵国能够保全，您还怕缺少什么呢？当人们陷入危险困苦时，最容易施予恩惠。您如果能叫夫人以下众侍妾仆役统统编进军队里，分工而劳动，并且把家里所有的财物都拿来慰劳士卒，我可以为您招募到一支敢死队击退秦军。"

平原君采纳了李谈的计谋，招募到三千视死如归的勇敢之士。李谈率领这支敢死队突击秦军，秦军为此撤退三十里。刚好碰上楚、魏两国的救兵也到了，秦军只好知难而退，不再攻打赵国。

李谈在突击行动中牺牲了，他的父亲因而被封为孝侯。

食马赐酒

秦穆公曾经在出巡的时候丢掉一匹心爱的骏马。穆公带人去找，看到自己的爱马已经被杀了，一群野人正高高兴兴地围坐在一起烤马肉吃。穆公痛惜地喊着：

"这是我的骏马呀！"

那些野人都吓得站起来，面如土色。穆公说：

"我听说吃了骏马肉，不喝酒的话，会中毒而死。"

穆公叫手下人挨次给他们酒喝，一个也没漏掉。杀马的那一群人都羞愧地走了。

过了三年，晋国攻打秦国，把秦穆公重重包围住。以前吃过骏马肉的野人，互相邀约说：

"机会来了，可以舍命报答吃马肉又喝酒的恩德了。"

突然冒出这样一群凶悍的野人攻击晋军，晋军的包围圈马上溃决，秦穆公终能脱险，并且乘势击垮晋军，俘获了晋惠公，打了个大胜仗。

美人绝缨

楚庄王欢宴文武大臣，一直喝到天黑，还点亮灯烛继续欢乐。大家喝得正在兴头的时候，忽然刮进一阵大风，把灯烛都吹熄了。全厅堂一片漆黑，大家照样闹哄哄的，摸黑找人干杯。庄王的美人正陪坐在庄王的身边，突然有人摸了她一把，又拉扯她的衣服。美人也真绝，不作声响的反摸对方，摸到了头上，一下子就扯下一样东西。对方哎呀一声，不敢再放肆，不知钻到哪儿去了。美人赶紧向庄王撒娇说：

"刚刚有人趁着火烛熄灭来拉我的衣服，我把他的帽带扯下来了。赶快叫人拿火来点上，看哪个帽带断了。"

庄王接过帽带，随手把它丢掉，恨恨地说：

"果然有这回事！不过，招待人家喝酒，使人喝醉了，他们才会失礼呀！怎么可以为了要表扬妇人的节操而侮辱官员呢？"

庄王于是朗声宣布道：

"今天喝得真痛快！哈哈！寡人王冠的带子都断了。今天和寡人喝酒，帽带不断的就表示不痛快！"

不久，点亮了灯烛，大家醉眼惺忪地互相察看那歪歪斜斜的帽子。衣冠不整，这确实更能显出君臣无拘无束的狂态，而楚庄王更是乐得简直登了天，因为群臣虽在狂欢醉酣中，仍能听令行事，迎合庄王的旨意。

那美人，眼睁睁地想办认出那位莽撞的人，但是，晃来晃去的一百多位臣子们，竟然都没有帽带。

这一次宴会，真可说是君臣尽欢，余味无穷，一直到后来楚庄王称霸。

过了三年，楚国与晋国打仗，楚国有一个臣子常常抢在行阵前面，五度与敌交锋，五度奋勇杀敌，终于抢了头功，首先击溃敌军，楚国因而赢得胜利。楚庄王觉得这个臣子很奇特，就问他道：

"寡人没什么才德，又不曾特别对待你，你为什么肯毫不迟疑地冒着生命危险冲锋陷阵呢？"

这位急先锋低着头怯怯地回答道：

"罪臣该死！以前醉后失礼，大王隐忍着不加诛戮。我不敢因为蒙受到的是无人知的恩德，而不明显地回报大王。我很久就希望能为大王惨烈牺牲，让自己肝脑涂地，用我脖子的热血去喷溅敌人。我就是在那次欢宴的晚上被扯断帽带的人。"

桑下饿人

赵宣孟将到绛去，看到枯桑下有一个饿倒的人，宣孟吩咐停车，亲自嚼碎食物喂他。那饿倒的人吞了两口，停了一会儿也就能自己吃了。宣孟问道：

"你为什么饿到这个地步？"

"我住在绛，回家途中粮食吃光了，既羞于乞食，又讨厌自杀，才落得饿倒在地。"

宣孟送给他一壶饭和两块干肉，他再次叩头答谢，但接受了馈赠，却不吃。问他不吃的原因，他说：

"刚才尝到的滋味很好，想留着送给年老的母亲。"

"你把这些吃了，我另外送给你。"

宣孟又替他装了一盒食物和两块干肉，加上一百块钱，还让他搭便车回到绛。

过了三年，晋灵公讨厌宣孟的规谏，想杀掉他，预先埋伏卫士在屋里，然后找宣孟来喝酒。宣孟很警觉，喝到半途就匆匆离开。灵公命令埋伏的卫士赶紧追杀。有一个卫士擎着利刃，追得特别快，一下子就赶上宣孟。宣孟正待格斗，对方却说："果然是您！我替您阻挡追兵吧！"

"你叫什么名字？"宣孟问。

"何必留名呢？我是那桑树下饿倒的人。"

这名卫士反身迎击追上来的其他卫士，虽然勇猛过人，但是寡不敌众，还是被杀死了。不过，靠着他的牺牲，宣孟已逃得远远的，总算保住了一条命。

袁盎脱险

汉景帝时，吴、楚等七个诸侯造反，袁盎以太常官的身份出使吴国，劝吴王休兵。吴王不听，反而要任命袁盎为将。袁盎不肯答应，吴王要杀他，先派一个都尉率领五百士卒围守住袁盎。袁盎知道吴王的毒辣手段，但无计可施，只有死路一条了。

袁盎虽然很看得开，夜里却辗转反侧睡不着，想自己一世英名却断送于此，想自己献计斩鼌错以讨好吴王，却落得这个下场，想……突然有人把他拉起来，细声说：

"您赶快走吧！吴王打算明早杀您。"

袁盎不相信，问道：

"你这是干什么？"

"我是您以前的从史副官，蒙您把侍女赏给我。"

袁盎想起了往事，仔细看看，果然是那个人。

"蒙您见爱，我不够资格连累您的。"袁盎恭敬地说。

"我现在当校司马，刚好奉派来看您，才有这个机会。您离开后，我也要逃亡。我爱戴您，有什么好怕的？"

这位司马说着，就拿起刀来割破帐幕，带着袁盎偷偷去会合他所管的那一小队人马，让袁盎打扮成士兵，一齐簇拥着出城巡视。一到大路，袁盎立刻快马加鞭，回京向皇帝报告去了。司马和他的士兵们也跟着一哄而散，各奔前程。

　　袁盎所以会在七国叛乱中到吴国去游说，除了献计杀害晁错以安抚各国外，也是因为他曾在吴国当过宰相；正因为他曾在吴国当宰相，偶尔施过恩德，这条老命方得以捡回。原来袁盎为吴相时，一位从史副官勾搭了袁盎的侍女，袁盎假装不知道，仍然对他很好，后来从史知道已被发觉，怕被责罚，就逃回老家，袁盎自己去把他追回来，把侍女送给他，并让他再做从史副官。这位副官，也就是后来放走袁盎的司马。

知我鲍子

　　鲍叔牙去世，管仲拉起衣襟痛哭，泪如雨下。跟随的人说：
　　"他并不是你的父亲或儿子，你哭得这样伤心，是何道理呢？"
　　管仲说：
　　"这不是你能了解的。我曾经和鲍叔牙在南阳合伙做买卖，我在市场上忍受了三次侮辱，鲍叔牙不认为我是懦弱，他知道我要留着有用之身，将来想有所表现。鲍叔牙曾经跟我一起去游说国君，我游说了三次都不被重用，鲍叔牙不认为我不贤良，他知道我刚好没碰到英明的君主。鲍叔牙曾经跟我均分财货，我接连三次自己多拿了，鲍叔牙不认为我贪婪，他知道我正缺钱用。生我的是自己的父母，了解我的就只有鲍叔牙了。一个士人要为赏识自己的人而牺牲，何况是为他悲伤呢！"

以身白之

　　北郭骚自己跑去见晏子，说：

"我向来仰慕先生的高义，希望能得些东西奉养母亲。"

晏子叫人把自己家中的存粮和金子都分送些给他，北郭骚只接受粮食而退还金子。

像这样的要求一而再，再而三，都是有求必应。

过了不久，晏子被景公猜疑，只好出奔。北郭骚跟自己的好朋友说：

"我仰慕晏子的高义，曾经向他要粮食来养母亲。我听说：母亲被人家养的，就要替人家冒险犯难。如今晏子被国君猜疑，我将拿生命去替他辩白。"

北郭骚就到景公宫廷里，请求谒者转告说：

"晏子是天下皆知的贤人，如今离开齐国，齐国一定会被侵略，眼见国家快被侵略，倒不如先死。请让我割断脖子来为晏子辩白。"

北郭骚说完话，小心谨慎地退出宫门，就在宫门口自杀了。

齐景公听到这个消息，非常害怕，立刻骑上快马去追晏子，追到边界才赶上。景公这样诚恳地来请求，晏子不得已，只好跟景公回国，继续执政。

晏子听到北郭骚以死来为自己辩白，长叹一声说：

"我自己不好，被见怪是罪有应得的，竟让名士拿生命来彰显我的罪过，真是可悲啊！"

祀少求多

楚、魏两国在晋阳订立密约，打算攻打齐国。齐王为此而忧虑，派人请来淳于髡，向他说：

"楚、魏两国阴谋侵略齐国，希望先生跟寡人分忧。"

淳于髡听了，只顾放声大笑，却不回答。齐王再问他，淳于髡照样大笑不回答。连问了三次，还是不回答。

齐王很生气，变了脸色说：

"先生是拿寡人的国家当儿戏吗？"

淳于髡笑够了，才回答说：

"我怎么敢拿大王的国家当儿戏！我是笑邻居那祭田的人，准备了一碗饭和一条鲫鱼，祈祷道：'希望低洼的下田，能收割一百车的谷子；那高亢的地方，适宜于种稻。'我是笑他用的祭品少而所祈求的多。"

"好吧！"齐王说。

齐王于是封淳于髡为上卿，并赏赐他千金及兵车一百辆。

择人而树

阳虎得罪了卫国，逃到北方，见到赵简子就说：

"从此以后，我不再提拔人才了。"

"什么缘故呢？"简子问。

阳虎回答说：

"在卫国的时候，那宫廷里的侍臣，被我栽培的超过半数；朝廷的官吏，我所提拔的，也超过了一半；驻守边疆的武士，我所选派的，也超过了一半。如今那宫廷里的侍臣，亲自在国君面前离间我；朝廷的官吏，亲自在众人面前伤害我；驻守边疆的武士，亲自在军队中胁迫我。"

简子说：

"只有贤能的人才懂得报恩，不贤能的人是办不到的。种桃李的人，夏天有树荫可以纳凉，秋天有果实可以吃；种蒺藜的人，夏天没树荫可以纳凉，秋天只能得到它的刺。过去你所栽培的，都是蒺藜。从今以后，要先选择好人再加以栽培，不要已经栽培了才来选择。"

大将吮脓

吴起为魏将，攻打中山的时候，士兵有患毒疮的，痛得很难受，吴起亲自吸吮他的烂脓。那个士兵毒疮好了，写信回家报告经过，他的母亲接到信后却哭了。旁边的人说：

"将军对你的儿子那样爱护，你为什么还哭呢？"

那做母亲的说：

"孩子的父亲曾经被吴将军吸过毒疮，后来参加注水之战，战没多久就壮烈牺牲了。如今这孩子的毒疮又被吮，不知道这孩子又要在哪一场战争中牺牲生命。我是为此而痛哭呀！"

自取其弑

齐懿公当公子的时候，曾经跟邴歜的父亲争田，争输了。等到他即位为君后，就滥施报复，挖掘邴歜父亲的墓，把尸体的两脚砍掉，以为刑戮，又把邴歜贬为奴仆。后来齐懿公又艳羡庸织妻子的姿色，把她霸占了，却任用庸织当陪乘的人。

懿公出游于申池，邴歜和庸织也一起护驾。两人偷空下池洗澡时，邴歜无缘无故拿起马鞭猛抽庸织。庸织很愤怒，邴歜却冷笑道：

"人家抢你的妻子都不敢生气，打你一下又有什么伤害？"

"比起父亲的尸体被砍断脚却不恨的，又怎么样？"庸织反唇讽讥他。

两人狠狠地打起架来，打到齐懿公面前。懿公正想喝住，却被邴歜和庸织两人活活打死，丢到竹林里去。

染指尝鼋

楚人献了一只鼋给郑灵公，公子家和公子宋并不知道这回事。两个人正在家里聊天，突然公子宋伸出右手叫公子家看，公子家看到他的食指自行上下抽动。公子宋说：

"我的食指这样子动，一定可以尝到山珍海味。"

公子家不相信，以为那是公子宋在要宝。公子宋为了表示自己说的是真话，就说道：

"我这个食指百试不失误，我有得吃，你也有得吃，你等着好了。就在今天，要是没山珍海味可尝，我就砍掉这根食指。"

果然好消息传来，国君邀请大夫们尝珍贵的鼋羹。公子家想跟公子宋开个玩笑，先跑去见灵公，说道：

"国君要请我们尝鼋羹，我们并不惊喜，因为公子宋的食指很灵，楚人还没送鼋来，他的食指就在动了。他还自夸要是今天没尝到美味，宁愿砍断食指！"

灵公听了觉得很好玩，决定开个玩笑。

到了吃鼋羹的时候，灵公还特别派人去请公子宋。公子宋沾沾自喜来了，大夫们也都到了。灵公叫侍臣一个人分一碗，只是没分给公子宋。一声开动，君臣吃得津津有味，啧声四起。公子宋看得怒火中烧，食指频频颤动，于是就挺身走到鼎前，伸出食指在鼎里乱搅一下，尝了一小块鼋肉屑，掉回头就走了。

灵公想作弄公子宋没弄成，当着众大夫的面丢了丑，恼羞成怒，要杀公子宋。公子家心虚，就和公子宋合谋，先下手杀掉灵公。

政理第七

下喑上聋

公叔文子当楚国令尹，当了三年，百姓都不敢上朝堂。公叔子知道了就说：

"太严了！"

"朝堂严厉点，会妨碍到国家的治理吗？"文子反问。

公叔子说：

"太严厉了，下情就不能上达。下面的人沉默不语，在上位的人就变成聋子；聋子和哑巴不能互相通话，怎么能够治好国家呢？顺着针缕织下去，就可织成帐幕。一升一斗累积，就可塞满仓库；汇聚小水流就能变成江海。英明的人主接受的意见不一定都实行，但从来没有不接受意见的。"

教化为务

卫灵公向史鳅问道：

"哪件政事最重要？"

史鳅答道：

"主管刑法的大理最重要。如果审判刑案不正确，处死的人不能复生，残废的人也不能复原。所以说主管刑法的大理最重要。"

过一会儿，子路来看灵公，灵公就把史鳅的话告诉他。子路说：

"主管国防的司马最重要。当两国有了战争的时候，两军势均力敌，当司马的击鼓来发布命令，如果一战败北，就牺牲了几万士兵。要是杀人是罪恶的话，像这样因指挥不当而杀害的国人也够多了。所以说主管国防的司马最重要。"

过了不久，子贡也来拜访灵公，灵公再把史鳅和子路的意见告诉他。子贡说：

"多么没见识！以前夏禹和有扈氏作战，打了三场仗还不能叫他顺服，夏禹于是班师回国，厉行教化，只那么一年，有扈氏就自动归顺。既然夫掉人民之间的纷争，还会有什么刑案要审理？战车武器根本就不用陈列，还要鸣什么鼓？所以说教化最重要。"

愚公之谷

齐桓公出外打猎，由于追逐一头野鹿而走进一座山谷。他遇见一位老翁，就问道：

"这叫什么谷？"

"叫作愚公谷。"老翁回答。

"为什么这样称呼？"桓公问。

"因我住在这里而得名。"老翁说。

"看你的样子，并不像个愚人，为什么说因你而得名？"桓公说。

老翁叹一声，感慨地说：

"请听我详细说来：以前我养了一头母牛，生了小牛，小牛长大了，我就卖掉小牛，买匹千里马代步。有个不良少年说：'牛不能生马。'说着，就把我的千里马骑走了。邻居们知道了，认为我很愚蠢，所以就把这座山谷称为愚公谷。"

桓公笑着说："你真是愚蠢哪！为什么要给他呢？"

桓公没心情再追鹿，也就回去了。

第二天上朝的时候，桓公津津有味地把愚公谷说给管仲听。管仲整整衣襟，很严肃地向桓公拜了两拜说：

"这是我管夷吾的愚蠢哪！假使让尧在上领导，由咎繇主管司法，怎么会有抢夺人家千里马的不良少年呢？如果有像那位老翁一样遭到凶暴的，一定也不会给的。那老翁因为知道司法诉讼不上轨道，所以才会乖乖给他。请让我回头修明政治吧！"

孔子后来跟学生们说：

"同学们要好好记住：桓公，是个霸天下的英主；管仲，是个贤能的宰相。他们还会有以智为愚的时候，何况是比不上桓公管仲的人呢！"

使民不迷

鲁国有父子两人互相打官司的，季康子很生气地说：

"把那个儿子杀掉！"

孔子说：

"不能够杀。老百姓不知道父子之间打官司不对，由来已久，这是在上位者不施教化的过失啊！在上位的人如果领导有方，就没有这样的事了。"

"提倡孝道是治理人民的根本，如今杀一个人来警戒不孝的，不也是可以吗？"季康子问。

孔子说：

"事先不施教化，不孝了就杀他，等于是残杀无罪的人。三军大败，不能诛杀；司法不上轨道，不可施刑。在上位者施予教化而自己先以身作则，那么百姓就会很快地跟从。等到自己亲身实践了，而百姓还不跟着做，才可以拿刑罚来约束他，那么老百姓也就知罪了。就像那八尺高的墙，大人不能越过去，而八十丈高的山，小孩子可以爬上去玩。因为山有斜坡，渐渐趋低，可以慢慢爬呀！现在仁义道德也渐趋渐低，越来越没落了，能说老百姓不敢逾越它吗？《诗》上说：'使老百姓不致迷途。'以前的君子领导老百姓，不使他们迷途，所以威严收敛而不发作，刑罚搁置而不使用。"

人们听到孔子这一番议论，都纷纷撤销诉讼，不再打官司了。

爱民而已

周武王向姜太公问道：

"治国的方法是什么？"

"治国的方法，爱民罢了。"太公回答。

"怎样爱民呢？"武王又问。

姜太公答道：

"要对他有利，不要害他；帮助他成功，不要败坏他；要让他活下去，不要杀他；要给他好处，不要夺取他的；要让他快乐，不要使他痛苦；要让他喜欢，不要使他生气。这是治国的方法，也是让人民生产的道理，总之不外是爱民罢了。使人失去本务，就是害他；让农夫错失耕种时机，就是败坏他。有罪的施予重罚，就是杀他；加重税收，就是夺取他的；多徭役而劳累民力，就是使他痛苦；既劳苦而又扰乱他，就会惹他忿恨。所以会治理国家的人，对待人民就像父母爱护子女、哥哥爱护弟弟一样，听到他吃不饱、穿不暖，就为他哀伤；看到他劳累辛苦，就为他悲痛。"

阳桥迎饵

宓子贱要去当单父邑宰时，去拜访阳昼，问道：

"您对我可有什么赠言吗？"

阳昼说：

"我少年时地位卑贱，不懂得治理人民的方法，却有两项钓鱼的道理想送给你。"

"您钓鱼的道理是什么呢？"子贱请教。

阳昼说：

"当你投下钓丝放下诱饵，迎面就来吸食它的，那是阳桥鱼。那种鱼很瘦，肉味不美。好像有又好像没有，又像吃又像不吃，这是鲂鱼，这种鱼，肉既多而味道也好。"

"谢谢您！"宓子贱说。

宓子贱上道赴任，还没到达单父，那些达官贵人就争先恐后到马路上迎接他。

"车子开快点！车子开快点！那阳昼所说的阳桥鱼都来吃饵了。"子贱吩咐车夫。

宓子贱到单父后，就请那些没出迎的贤达父老来共同治理单父。

仕之得失

孔子的学生有一位叫作孔蔑的，和宓子贱同时做官。孔子去探望孔蔑，问他说：

"从你做官以后，得到些什么？又失掉些什么？"

孔蔑回答说：

"自从我做官以来，没有得到什么，却失掉了三样东西：公务太繁重，没有时间研究学问，因此学问不能明达，这是第一件损失；俸禄太少，不够生活，养育不能推及亲戚，以致亲戚更加疏远，这是第二件损失；公务大多急迫，没有时间吊祭死者、探望病人，朋友因此而更加疏远，这是第三件损失。"

孔子听了很不高兴，接着再去看子贱，问他说：

"从你做官以后，得到些什么？又失掉些什么？"

子贱回答说：

"自从我做官以来，没有失掉什么，却得到了三样东西：当初所读的书，现在得到机会实践，使学问更加进步，这是第一件收获；俸禄虽然少，生活不够充裕，却能照顾到亲戚，使得亲戚更加亲近，这是第二件收获；公务虽然急迫，夜间得加班，还能吊祭死者、探望病人，因此朋友也更加亲近，这是第三件收获。"

后来孔子向人提及子贱，就称赞道：

"这个人真是君子呀！这个人真是君子呀！要是鲁国没有许多君子，宓子贱又能上哪儿去学得这种君子的美德呢？"

改道易治

晏子治理东阿三年后，景公把他叫来责备道：

"我原以为你行，才派你治理东阿，如今你却没把东阿治理好。你回去好好反省一下，寡人将重重处置你。"

晏子回答说：

"请再给我一次机会，让我改变另一个方式来治理，要是三年后还是治不好，我甘愿接受死刑。"

景公答应晏子的请求，让他再度治理东阿。

第二年，晏子回都城来述职。景公笑呵呵地亲自出城迎接他，向他道贺说：

"真漂亮啊！你治理东阿太成功了，从东阿来的大官小官父老贤达都说你好。"

晏子羞得满面通红，讷讷地说：

"这一年来我治理东阿，卖人情，收红包，巧立名目，增加税收；一方面又假公济私，让左右亲近的人享受特权，垄断市场，连那鱼池里的鱼，都被有权势的人宰割了。这个时候，东阿有大半的老百姓在挨饿，国君却反而迎接我，还向我道贺。我不能再治理东阿了，我希望能趁早退休，好空出位置给贤能的人。"

景公听了很难过，于是离开位子向晏子谢罪说：

"请您勉强再治理东阿吧！那东阿，是您的东阿，寡人绝不会再干涉了。"

童子赶羊

杨朱拜见梁王时，谈到要治理天下就像在手掌上翻转那样简单。梁王笑笑说：

"先生只有一妻一妾，还常常争风吃醋、脸上挂彩；先生那块三亩的小田园，仍然是杂草丛生、五谷不登。您怎么敢夸口治理天下就像在手掌上翻转那样简单呢？"

杨朱哈哈笑道：

"我确实有这种情形。不过，大王没看过那羊吗？那一百只羊成群结队，让一个三尺小孩子拿着竹竿在后面赶，要它们向东就向东，要它们向西就向西。大王要是叫尧牵着一只羊，叫舜拿着竹竿在后面赶，马上就有乱头了。我听说：能够吞舟的大鱼，不会在深渊里游；能够高飞的大鸟，不愿意栖息在积水的洼地。为什么呢？由于它们的志向极远大呀！黄钟、大吕，不能在节奏复杂的舞曲中演奏。为什么呢？因为它的音色疏阔呀！将办大事的人，不过问小事；成大功的人，不在小处苛求。我就是这样的人哪！"

社鼠猛狗

齐桓公向管仲问道：

"国家最担忧什么？"

"最担忧的，莫过于放纵那不容易消灭的社鼠。"管仲回答。

"怎么说呢？"桓公问。

管仲回答道：

"那社庙是用木头扎起来再涂上泥巴的,老鼠就寄居在里头。如果用烟火去熏它,就怕把木头给烧掉;要是拿水去灌它,又怕把泥巴给冲坏。这种社鼠所以不容易捉来杀掉,是因为顾到社庙的缘故。国家也有社鼠,人主左右近臣就是社鼠。这种人在朝廷里遮蔽人主的耳目,让他分辨不出善恶;在朝廷外向老百姓卖弄自己的势力,享受特权。这种人如果不诛杀,就会败坏政治。如果要诛杀他,又会被人主所察知而加以庇护,所以说这也是国家的社鼠。

"不只是社鼠,那猛狗也令人担忧。有个人初学卖酒,酿得陈年的醇酒,装进很洁净的瓷器里,但是摆在家里摆到酒变酸了都卖不掉。卖酒的人觉得很奇怪,向邻居请教是什么缘故。邻居说:'你的狗太凶猛,人家拿着酒瓶来了,将要买你的酒,狗却跳过去要咬他。这就是酒变酸卖不掉的缘故。'

"国家也有猛狗,那些当权的人就是猛狗。有本领的人,想要让万乘的人主明达事理,当权的人跳过去就咬他,所以说这也是国家的猛狗。左右近臣是社鼠,当权的人是猛狗,那有本领的人就永远不能施展抱负了。这是治理国家最值得担忧的事。"

见微知危

吴公子季札到晋国访问,一进入晋国境内就说:
"唉!是个暴虐的国家哪!"
到了晋都,又慨叹道:
"唉!是个民力耗尽的国家哪!"
上朝拜见晋君后,也慨叹地说:

"唉！是个混乱的国家哪！"

跟随他的人问道：

"您到晋国没多久，为什么那样自信地评论人家呢？"

季札说：

"是这样的：我一到晋国境内，看到田垄荒芜而不美观，只是随便凑合着堆高，我因此料定这是个暴虐的国家。进入晋都，看到新建的房子简陋而老房子好看，新墙低矮而旧墙高大，我由此而知道他们的民力已耗尽。站在他们的朝廷，看那晋君只瞅着群臣而不能垂询，大臣们只顾自夸才能而不能规谏君非，我因而知道他们的国家是混乱的。"

裂衣断带

齐景公有个怪癖，喜欢看妇人家打扮成男子汉的模样，于是国内妇女都流行这种打扮，简直弄得全国男女莫辨。景公只好下一道命令说：

"凡是女扮男装的，要当街撕裂她的衣服，扯断她的裤带。"

命令下来，警察沿街严格认真地拦截，被撕裂衣服、扯断裤带的女子，一个接一个，前后相望。而女扮男装的歪风还是没收敛，女子好像患了喜虐症。

晏子求见景公，还没等晏子开口，景公赶紧说：

"寡人下令禁止女扮男装，因违规而被撕裂衣服、扯断裤带的女子一个接一个，前后相望，而这个歪风还是不收敛，究竟是什么缘故呢？"

晏子回答道：

　　"国君叫宫内的妇女打扮男装，却要在外头禁止这种歪风，那就像在门口挂牛头却想叫人来买马肉一样。您不让宫内妇女打扮男装，那么国人也就不敢这样打扮了。"

　　景公想想有道理，只好收敛自己的怪癖，不再欣赏宫内妇女的男子打扮。不到一个月，齐国再也看不到不伦不类的阴阳人了。

尊贤第八

知贤知音

周公旦出身王侯之家，所礼遇的贫贱之士有七十人，天下英才跟着闻风而至。晏子身为贵卿，所接济的士子有百余人，天才英才也慕名而来。孔子修养德行，删诗订礼正乐，天下英才也跟着来了。

伯牙弹琴，钟子期在旁欣赏。伯牙刚弹琴的时候，心思向往于泰山。钟子期脱口赞美道：

"琴弹得真妙啊！就像泰山那样巍巍高大。"

过了一会儿，伯牙的心思在流水。钟子期又赞叹道：

"琴弹得真妙啊！就像流水那样悠扬。"

钟子期死后，伯牙认为世上再也没有够资格听他弹琴的人，就把琴打坏，把弦弄断，一辈子不再弹琴了。

不只弹琴要有知音，贤能的人也一样。虽然有贤能的人，却没有人赏识他，贤能的人又打从哪儿去尽忠呢？千里马不能自己表现出日行千里的能耐，必得等待善相马的伯乐，然后才能成就其千里的美名。

士亡君卑

周威公向宁子问道：

"选拔贤才有办法吗？"

宁子回答道：

"有的。穷困的让他显达，逃亡的叫他留下来，废弃的再录用他。能够这样的话，那么四面八方的贤才就会赶来。如果穷困的不让他显达，逃亡的不叫他留下来，废弃的不再录用他，那么四面八方的贤才也就背叛你了。城墙虽坚固，却不能自守；武器虽锋利，却不能自保；得到贤士而又失去他，一定是有人从中作怪。贤士留得住，人主就被尊崇；贤士逃亡，人主就被轻视。"

"贤士的重要性竟到这种地步吗？"周威公问。

宁子回答道：

"国君没听说过这样的事情吗？那楚平王有个贤士叫作楚溪胥丘，只因得罪了客卿，平王就要杀他。他出奔到晋国；晋人重用了他，造成楚国在城濮战役的羞辱。又有个贤士叫作苗贲皇，平王将杀他，他逃亡到晋国，晋人重用了他，造成楚国鄢陵战役的失败。又有个贤士叫作上解于，平王将杀他，他又逃奔到晋国，晋人重用了他，也叫楚国在两堂的战役不好看。又有个贤士叫作伍子胥，他的父兄被平王杀掉，只好只身逃亡到吴国。吴王阖闾重用了他，于是才有吴王派兵袭击楚都郢城的惨剧。楚平王即使大大得罪了梁、郑、宋、卫四国的国君，还不至于马上就有这样的报应！他只是四次得罪了贤士，结果落得三次的战败而暴露百姓尸骸，而一次几乎亡了国。由此看来，贤士留得住，国家才能够保存，贤士一旦逃亡，国家将随之而灭亡。当年伍子胥一怒而几乎灭亡楚国，申包胥也一怒而保存了国家，国君怎么能不重视贤士呢！"

九九之术

齐桓公为了方便天下贤士的觐见，特别起造一间迎宾馆，装潢得富丽堂皇，尤其讲究夜间的照明设备，那辉煌的灯火，简直要照亮天下。可惜过了整整一年，迎宾馆空自亮着，没迎过一位贤士。这时候一个住在齐国东边郊野、身份鄙陋的人来了。他昂然进入迎宾馆，所凭借的才能却是九九乘法。齐桓公大失所望，责问道：

"凭九九乘法怎么够资格来觐见呢？"

这个鄙陋的人回答道：

"我也知道凭九九乘法不够资格来觐见，我是故意来点亮主君的迎宾馆的。听说主君建筑美轮美奂、灯火辉煌的迎宾馆来接待贤士，过了一整年却没有半个贤士来。那天下的贤士为什么不来呢？因为主君是天下皆知的贤君，四方的贤士们都自认为比不上主君的贤能，所以才不敢来呀！这九九乘法，只是小小的技能罢了，而主君还能礼遇我，何况是超过九九乘法的呢？泰山不辞却小小的土石，江海不拒绝涓涓的细流，所以能成其伟大。《诗》上说："要向打柴的樵夫请教。'这是说要增广见闻呀！"

桓公认为很有道理，就特意礼敬他、标榜他。只过了一个月，四方的贤士们就呼朋引友、成群结队到齐国来了。

珠玉无足

赵简子在黄河上乘船游赏山光水色，玩得正开心，却突然叹口气说：

"哪儿能得到贤士和他共玩赏呢？"

船夫古乘跪下来说道：

"珠玉没有脚，离开此地几千里远都还能够来，因为有人喜欢它呀！如今贤士有脚却不来，这大概是主君不喜欢他们吧！"

赵简子说：

"我门下左右有食客千人，早上饭不够吃，晚上就到市场征税；晚上饭不够吃，早上就到市场征税。这样还能够说我不喜欢贤士吗？"

古乘回答说：

"鸿鹄所以能够高飞远翔，所依赖的是翅膀上的六根大茎。它那背上的粗毛，腹下的细毛，并没多厚，拔掉一大把，不会因此而飞得低一点；增加一大把，也不会因此而飞得高一点。不知道主君门下左右那千多位食客，有没有六根大羽茎的作用呢？恐怕都是背上腹下的粗毛细毛吧！"

观于朝廷

鲁哀公向孔子问道：

"在现今这个时代，哪位君主最贤能？"

"卫灵公。"孔子回答。

"我听说在他家闺门内，姑嫂姊妹没什么分别。"哀公说。

孔子说：

"我只是观察他朝廷上的表现，没有注意到他后宫堂阶间的情形。灵公有个弟弟叫公子渠牟，他的才智足以治理兵车千乘的国家，他的信用也足以守住国家。灵公因此很喜爱他。有个贤士叫作王材，国内有贤人，一定推荐给国君因材而任用，使得贤人都能显达，要是不能显达，王材也会用自己的俸禄去照顾他们，灵公因此很尊敬他。又有位贤士叫作庆足，遇到国家有重大的事情，就挺身肩负起责任，没有不圆满达成的，灵公因此也很欣赏他。史鳅因细故离开卫国，灵公很难过，便避居到宾馆里，连琴瑟等乐器都不肯使用。这样经过了三个月之久，等到史鳅回国后才肯进入后宫。我是由灵公这些表现才断定他很贤能。"

大夫扶车

晋文侯巡视边境，想登上山顶的烽火亭去瞭望，大夫们都赶紧趋前扶住车子，提防坡度太陡，车子滑下来。大夫们帮助马匹硬是把车子往上推，遇到艰难的路段，就累得气喘如牛，汗流浃背。晋文侯舒舒服服地坐在马车里，逍遥自在地观赏山水风光，一点也不担忧车子可能翻覆，因为他信得过大夫们的忠诚。晋文侯正满足于大夫们的齐心协力，却看到随会一个人抢先走在前面，并没参加扶车。文侯把他叫过来责问道：

"会！做人臣子却忍心让国君遭殃的，该当何罪？"

"该当加倍的死罪。"随会回答。

"什么叫加倍的死罪？"文侯问。

"本人被处死刑，妻与子也连带被杀。"随会回答。

停顿了一下，随会又说：

"您怎么只问为人臣子忍心让国君遭殃的罪，却不问问为人君主却忍心让臣子做牛做马会怎么样呢？"

"为人君主忍心让臣子做牛做马，又怎么样？"文侯不屑地问。

随会答道：

"为人君主却忍心让臣子做牛做马的，才智之士不替他谋划，雄辩之士不替他讲话，仁厚之士不替他施恩，勇敢之士不替他牺牲。"

文侯下令停车，慢慢拉着车绳下来，向大夫们道歉说：

"寡人患了风湿症，腰酸腿软，希望各位大夫不要见怪。"

士之所羞

齐将军田瞆率军出征，张生到郊外欢送他，说道：

"以前尧要把天下让给许由，许由拒绝不接受，还认为是听到了脏话，就跑到颍水边洗耳朵，将军知道这回事吗？"

"是的，我知道。"田瞆回答。

"伯夷、叔齐辞掉诸侯的名位而不干，将军知道这回事吗？"张生又问。

"是的，我知道。"田瞆回答。

"于陵陈仲子辞却三公的名位，宁愿替人家帮佣浇菜园，将军知道这回事吗？"张生又问。

"是的，我知道。"田瞆回答。

"智过宁愿远离宫廷，改变姓名，做个百姓，将军知道这回事吗？"张生又问。

"是的，我知道。"田瞶回答。

"孙叔敖三度丢掉相位而不反悔，将军知道这回事吗？"张生又问。

"是的，我知道。"田瞶回答。

张生说：

"这五位大夫，表面上是辞让名位，而实际上是以当官为耻。如今将军正掌握国家大权，提着鼓，撑着旗，穿着战袍，执着武器，指挥十万大军，专擅斧钺的刑杀，可千万别拿士人所羞耻的名位来向士人炫耀。"

"今天大家都准备酒肉来为我饯行，唯独先生拿圣人的大道理来教导我，真是感激！"田瞶毕恭毕敬地说。

受赏责礼

魏文侯接见段干木的时候，往往站累了也不敢休息，等到接见翟璜的时候，蹲在厅堂里就跟他谈话。翟璜不高兴这种差异，就向文侯抱怨。文侯说：

"段干木请他做官他不肯干，给他爵禄他不接受，现在你想做官就当起宰相，想要爵禄就有上卿高位。既然接受我的赏赐，又要求我对你有礼，岂不是不应该吗？"

三权而治

齐桓公叫管仲治理国家，管仲回答说：

"地位低贱的人不能统治尊贵的。"

于是桓公就任用管仲为上卿。

过了一段时间，国家还没治好。桓公追问是什么缘故。管仲答道：

"穷人不能差遣富人。"

于是桓公就把齐国一年的市租赏赐给管仲。

但是过了一段时间，国家也没治好。桓公又追问是什么缘故。管仲回答说：

"关系疏远的人不能制裁关系亲密的。"

于是桓公就尊称管仲为仲父。

齐国从此就非常安定，终于能够称霸天下。

孔子说：

"凭着管仲的贤能，如果得不到这三样权势，也不能使桓公南面而称霸。"

遗德余教

宋司城子罕很尊敬子韦，在家和他吃同样的食物，出外和他穿同样的衣服。司城子罕一度逃奔出国，子韦没跟着逃亡。等到子罕回国，却再度召见子韦，继续尊敬他。左右亲近的人嘀咕道：

"您对子韦太好了。您逃亡时他不跟随，您一回来却再度尊敬他，您面对尽心的忠臣，难道不感到惭愧吗？"

子罕说：

"正因为我不能采纳子韦的建议，所以才落到逃亡的地步，如今我能够回国复位，还是靠子韦过去给予的教诲，所以我要尊敬他。况且当我逃亡的时候，那些隐遁、拔树寻根来跟随我的臣子，对于我的逃亡又有什么好处呢？"

胜败关键

齐将田忌出奔到楚国，楚王亲自出城郊迎接他。到了住地，楚王请教道：

"楚是个拥有兵车万辆的国家，齐也是个拥有兵车万辆的国家，两国都常常想占对方，楚国应该怎么应付呢？"

田忌说：

"这很容易了解。齐国要是派申孺为将领，那么楚国就派出五万大军抵抗，由上将军率领，直到擒获对方将军的首级就该回国。齐国要是派田居为将领，那么楚国就要派遣二十万大军抵抗，由上将军率领，会分别罢兵而归。要是齐国派昐子为将领，楚国就得全面总动员，由大王亲自统率军队，我田忌紧跟着当参谋，相国和上将军做左右司马，像这样安排，大王也仅仅能够幸存罢了。"

过没多久，齐国派申孺为将，率领军队侵楚，楚国派遣五万大军抵抗，由上将军率领，果然打了个大胜仗，擒获了齐国将军的首级而凯旋回国。于是齐王勃然大怒，再任命昐子为将，率军侵楚，楚国动员所有兵力抵抗，由楚王亲自统率，田忌跟随当参谋，相国和上将军做左右司马，结果落得大败，好在增派九辆战车遮护王车，楚王才能逃脱被俘虏的厄运。

战事结束，楚王到宾馆去见田忌，面朝北方，正正衣领，拉拉衣襟，恭敬地请教道：

"先生怎么预先就知道战争的结果呢？"

田忌说：

"申孺的为人，既侮慢贤能的人，又轻视不肖的；贤能和不肖的人都不肯为他效命，因此才会败亡。田居的为人，尊敬贤能的人而轻视不肖的，贤能的人肯负起责任，不肖的人没有斗志，因此两军相遇，只别个苗头就罢兵而归。至于眄子的为人，既尊敬贤能的人，又爱护不肖的，贤能和不肖的人都肯负起责任，因此才使大王落荒而逃，仅得幸存罢了。"

正谏第九

君奚不斫

齐景公在海上泛舟游览，非常快乐，已经有六个月不回国了，还下令左右的人说：

"哪个胆敢先提起要回国，一定处死不宽赦。"

颜烛听到了，赶快走进去劝谏说：

"国君在海上快乐地畅游六个月还不想回去，那边要是有人起来篡夺大权，国君怎么能长久在这海上享乐呢！"

景公抓起戟就要砍他，颜烛赶紧迎向前，抚摸着衣服等他砍，一面说道：

"国君怎么不砍呢？以前夏桀杀关龙逢，商纣杀王子比干，国君的贤能比不上那两个暴君，我的才干也比不上那两位贤士，国君怎么不砍一下，让我也加入那两位的行列？这样不是很好吗？"

景公手软了，心也软了。好在他马上高高兴兴回都城去，因为在半路上就闻到国人不让他回国的阴谋了。

国亡无日

楚庄王继立为君后，连续三年不上朝听政，还通告国人说：

"寡人最讨厌为人臣子却毛毛躁躁劝谏国君的。如今寡人拥有国家，足以安定社稷，要是有人敢来劝谏的，一定处死不宽赦。"

苏从看了这个通告，自言自语道：

"窃居国君给予的高官位，享受国君赏赐的厚俸禄，为了怜惜一己的生命而不敢劝谏，那就不是忠臣。"

苏从于是请求进宫，打算舍命净谏。只见庄王站在钟鼓之间，左边伏着杨姬，右手拥抱着越姬，左侧是被褥软席，右侧是乱丢的朝服。庄王不屑于看苏从，漫声说道：

"我欣赏音乐都来不及，怎么有时间听人啰嗦！"

苏从说：

"我听说，喜欢正道的人多资财，喜欢享乐的人多沉迷；喜欢正道的人多粮食，喜欢享乐的人多覆亡。楚国再没几天就要覆亡了，将死的臣子胆敢来向大王报告。"

"好！好！"楚庄王连声说。

于是楚庄王左手抓住苏从的手，右手抽出贴身暗藏的利刃，割断悬挂钟鼓的绳子。第二天，庄王就上朝听政，任命苏从为相。

螳螂捕蝉

吴王想要讨伐楚国，先告诫左右的人说：

"敢来劝谏的死路一条。"

舍人中有一个少年，想要劝谏又不敢，就天天一大早拿着弹弓带着弹丸，在吴王的后花园里荡来荡去，衣服都被露水沾湿了。吴王连续三个早晨看到他这样逛，也跟进花园里探个究竟。只见那少年手拿弹弓，仰着头，痴痴地站在一棵大树前；吴王出其不意地叫道：

"你过来！何苦把衣服弄得湿湿的？"

少年被这突如其来的一吓，几乎跳起来。看到是期待中的大王来了，一边拍着胸膛舒口大气，一边报告道：

"因为后花园很好玩，忍不住才一再进来逛。就像刚才，我发现一只蝉高居在树上，放声悲鸣后，想要吸饮露水，却不知道螳螂正躲在后头想捕捉它呢！螳螂正低下身子，专心一意要去抓蝉，却不知道一只黄雀就在它的旁边，黄雀伸着脖子想啄食螳螂，却不知道我的弹丸就在下面伺候着它呢！这三个都贯注精神想取得眼前的利益，却没顾到自己后头的灾难。"

"好极了！你只注意打黄雀，却没顾到后头我这只大螳螂。"吴王爽朗地笑着说。吴王于是停止出兵攻楚。

茅焦满数

秦始皇的母后私生活不检点，私通侍郎嫪毐，并封他为长信侯，偷生了两个孩子。嫪毐把持国家大事，越来越骄傲强横。有一天和侍中左右显要大臣在一起狂饮，酒醉后在言语上起了冲突，嫪毐瞪着眼睛大声呵斥道：

"我是皇帝的假父，你们这些贫陋的人怎敢跟我比高低！"

跟嫪毐顶撞的人跑去报告皇帝，皇帝非常生气。嫪毐怕被诛杀，先起而作乱，攻打咸阳宫。嫪毐失败后，始皇就把嫪毐四肢加以车裂，又抓到那两个异父同母弟，装进布袋里活活打死。还把皇太后贬到萯阳宫，并且下令说：

"敢为太后事来劝谏的，就把他杀掉！"

还是有人敢劝谏，一个接一个，都被处极刑：先用蒺藜刺他们的背脊肉，又砍下手脚四肢积叠在宫阙下。像这样因诤谏而死的已经二十七个人了。

一个齐国来的游客茅焦竟然也来赶场凑热闹，透过谒者向上报告说：

"齐客茅焦希望能够上谏皇帝。"

皇帝叫谒者去问齐客是不是为太后事来劝谏的，茅焦却说：

"正是为此而来。"

谒者回头向皇帝报告说：

"果然是为太后事来劝谏的。"

秦始皇杀人已杀得不胜其烦，杀得手都软了，又不愿意得罪来自齐国的知识分子，就吩咐谒者去提醒齐客说：

"你眼睛瞎了，没看见宫阙下叠积的死人吗？"

谒者出来照样问茅焦，茅焦放声回答道：

"我听说天上有二十八星宿，如今因规谏死掉的已经有二十七个，我所以要来，只是想凑满二十八的数目罢了，我并不是怕死的人。"

茅焦说着就想冲进去。茅焦的那些同乡以及跟他一起吃过饭的人，看到茅焦那么不自爱，怕被连累，都卷起铺盖衣物逃亡了。

谒者进宫据实报告。皇帝听了暴跳如雷，叫道：

"这个狂人故意来冒犯我的禁令，赶快准备炊煮的锅子，我要拿滚汤煮他。这个狂徒，怎么能选积在宫阙下呢！赶快叫他进来。"

皇帝按住宝剑坐着，嘴巴一鼓一鼓地喷着唾沫。

谒者奉命带茅焦快速入宫，茅焦却不肯走快，一步挨一步慢慢挪移。谒者一催促他，茅焦就哀求道：

"我一走到皇帝跟前就要死掉，你难道不能容忍我多留恋片刻吗？"

　　谒者可怜他，也就任由他慢吞吞地走。倒是始皇帝等得不耐烦，兀自胡思乱想，想那二十八星宿，想太后的事，原先那一股怒气也消歇了。

　　茅焦被带到始皇前面，拜了两拜后，站起来说：

　　"我听说过：有生命的不怕提到死字，有国家的不怕提到亡字，怕提到死的不可以得生，怕提到亡的不可以得存。关于死生存亡的事情，是圣明的人主急想知道的，不知道陛下想不想听？"

　　"是什么呢？"始皇帝问。

　　"陛下有狂妄悖逆的举动，陛下怎么不知道呢？"茅焦答。

　　"究竟是什么事，我倒愿意听听。"始皇帝说。

　　茅焦回答道：

　　"陛下车裂假父，充满嫉妒的心意。把两个弟弟装在布袋里打死，背着不慈的罪名。把母后贬迁到萯阳宫，犯了不孝的罪行。用蒺藜把诤谏之士打死，有桀纣的暴虐。如今天下人听到这等情事，都四散瓦解，不再倾心于秦国。我私下唯恐秦国覆灭，真替陛下的危险担心。要说的话已经说完了，请让我受刑吧！"

　　茅焦于是就解开衣服，自动伏在腰斩用的刑具上等待施刑。始皇帝走下殿阶，左手扶他起来，右手向侍臣们挥舞着，说道：

　　"赦免他。"

　　"先生穿衣服吧！我愿意接受您的指教。"始皇帝低声下气地向茅焦说。

　　秦始皇于是立茅焦为仲父，赐爵位为上卿，并且立刻命驾，动用一千辆战车，一万个骑兵，浩浩荡荡亲自到萯阳宫迎接太后，空出自己左边的座位给太后坐。

太后回到咸阳以后，非常高兴，就摆列盛大酒宴款待茅焦。到了喝酒的时候，太后站起来说：

"抗拒枉曲的措施而让它回复到正直，扭转失败的现象而让它转变为成功，因而安定秦国的社稷，使我们母子能够再度相会的，这都是茅君的力量啊！"

直言直对

齐桓公对鲍叔说：

"寡人想铸造一座大钟，来显扬名声。寡人的表现，难道会比尧舜逊色吗？"

"请问国君的表现怎样？"鲍叔问。

桓公说：

"以前我花了三年工夫围攻谭，打下后并不占据，这是仁的表现；我北伐孤竹国，削平令支的叛乱分子，这是武的表现；我发起葵丘的国际会议，来平息天下的战乱，这是文的表现；诸侯抱着美玉来朝贡的有九国，寡人没有接受，这是义的表现。这样说来，文、武、仁、义四种美德寡人都有了，寡人的表现难道会比尧舜逊色吗？"

鲍叔说：

"国君谈得很坦率，我也就坦率回答吧！以前公子纠在的时候，您占据高位而不让，就是不仁；违背姜太公的遗教而侵略鲁国，就是不义；在与鲁君会盟的坛场上，竟被曹沫的利剑所挟制，就是不武；侄女儿小姨子不离开怀抱，就是不文。凡是到处干坏事，自己却不记得的，即使上天不惩罚他，一定也会有人谋害他。

天是高高在上的，能够清清楚楚听到人们说的话，赶快收回您说错的话，上天快要听到了。"

桓公说：

"寡人还有其他的过失吗？我该牢记住您的话，这是国家的福气，您要是不指教，我几乎犯了对不起国家的大罪。"

十里而谏

楚昭王想到荆台游览，司马子綦进谏说：

"登上荆台游览，所见的景色，左边有洞庭湖，右边是彭蠡，向南可以望见猎山，向下又临近方淮。登上荆台放眼四观的快乐，简直叫人忘记了老和死。人君来游览的，由于醉心美景，大都亡了国，请大王不要去。"

"荆台是我的土地，有土地就要去游览，你为什么劝我不要去玩呢？"昭王很生气，边说边揍子綦。

于是令尹子西驾着一辆舒适华丽的马车来了。他来到宫殿下，大声说：

"今天大王要到荆台游览，不可以不跟去看看。"

昭王登上令尹子西的马车，拍着他的背说：

"我们登上荆台，可以同乐一番。"

离荆台就只差十里路，要下车骑马了。令尹子西拉紧马缰绳，勒住马车，说道：

"我不敢下车，希望先谈些道理。大王肯听听吗？"

"只管说好了。"昭王说。

令尹子西说：

"我听说：为人臣而对国君尽忠的，高爵厚禄都不够奖赏他；为人臣却对国君谄媚的，严刑酷罚都不够诛杀他。像司马子綦，就是尽忠国君的臣子；像我，就是谄媚的臣子。请大王把我杀掉，抄灭我家，只要礼遇司马子綦就好了。"

昭王说：

"如果我能够听从公子的话停止游览荆台，也只能禁止我去游览罢了，后代继位的国君想去游览的，还是很多，又怎么禁得了呢？"

令尹子西说：

"想禁止后世国君游荆台，太简单了。希望大王在崩逝以后，把陵寝筑在荆台。可不曾有过拿着钟鼓管弦乐器到自己父亲的坟墓上游玩的吧！"

于是昭王就下令把车子调头，并撤掉所有准备好的工作，不到荆台游览了。

王罪当答

荆文王得到如黄的猎狗和箘簬的好箭后，就到云梦打猎去，连续三个月都不想回国；得到舟之姬，也淫荡了一整年，不愿上朝听政。保申规谏道：

"先王慎重卜选我辅佐大王的保吉，如今大王得到如黄的猎狗和箘簬的好箭，就到云梦打猎，竟然三个月不知回国；得到了舟之姬，又是沉迷了一整年不上朝听政，大王的罪过该当鞭答。"

保申说完话，就要爬过去鞭打荆文王。文王说：

"不谷已经不是小孩子，也跟各国诸侯同起同坐过，请您改变惩罚的方式，不要鞭打吧！”

"我承受自先王的遗命不敢废弃，要是大王不接受鞭打，就是废弃先王的遗命。我宁愿得罪大王，却不敢辜负先王的厚托。"保申伏在地上，紧握着鞭子回答。

"好吧！"文王没办法，只得答应。

于是叫人铺张席子，文王就趴在席上等待惩罚。保申丢掉鞭子，另外扎了五十支细箭，跪着放到文王的背上，像这样的动作反复做了几次，然后请文王起来。

"这只是有鞭笞的名义，还不是跟没惩罚一样？"文王说，还笑嘻嘻的。

文王要求真正痛打几下，保申说：

"我听说，对待君子，只要让他感到羞耻；对待小人，就要叫他尝尝痛楚。要是不能改变令人羞耻的行为，叫他疼痛一下，又有什么用呢？"

保申说完话，就快步走出宫廷，但一会儿又折回来向文王请罪，甘愿接受流放的刑罚。文王说：

"这都是我自己的过错，应该受罚的，师保又有什么罪呢？"

文王于是痛改前非，听从保申的规谏，杀掉如黄的猎狗，折断菌簬的好箭，赶走舟之姬，一心一意要把荆治理好。后来荆文王的文治武功盛极一时，兼并了三十个国家，大大开拓了疆域，这可以说是保申敢于直言极谏的功劳。

两头皆空

赵简子出兵攻打齐国，下令军中有人敢来谏阻的，一定处以

死刑。有个全副武装的战士叫作公卢,远远望见简子就大笑,笑个不停。简子喝问道:

"你笑什么?"

"我本来就在笑。"公卢回答,继续笑个不停。

"能够交代清楚就放过你,否则,哼!看我不宰了你。"简子说,怒不可遏。

公卢边笑边说:

"正当采桑的季节,我那邻家夫妻两人一起到桑田去采桑,做丈夫的看到一位美丽的采桑女,就赶去追求她,但是得不到反应,只好回来找妻子。他的妻子一怒之下,跟着别的男人跑了。我是在笑那个邻居两头皆空呀!"

"如今我攻伐齐国,要是丢掉自己的国家,就两头皆空了。"简子说。

赵简子马上下令班师回国,正好遇上外寇入侵,都城告急。

为君数罪

齐景公有匹宝马,养马的人不小心把它弄死了。景公很生气,拿起戈来就要亲自打死那养马的人。晏子说:

"这样不大好。他不知道犯了何等大罪才被打死,死得不甘心就麻烦了。请让我为国君责备他,让他知道自己犯了何等滔天大罪,再杀也不迟。"

"好吧!"景公答应了,恨恨地把戈丢掉。

晏子捡起戈,高高举着,逼近养马的人,大声骂道:

"你替我们国君养马却杀死了马,你的罪该死;你使得我们国君为了一匹马的缘故而杀死养马的人，你的罪又该死；你使得我们国君为了一匹马的缘故杀人而传闻到四邻各国去，你的罪又该死。"

"先生饶了他吧！先生饶了他吧！不要损了我的仁德。"景公叫喊着，脸红红的。

尔非吾君

齐景公在大白天披散着头发，带着妇女，坐六马大车，打从寝宫跑出来，一路嘻嘻哈哈的。一位受过刖刑被砍断脚的人，跪着猛打马匹，逼得马车倒退回去。那个人大声吼道：

"你不配当我的国君！"

事后景公惭愧得不敢上朝听政。晏子看到景公所宠爱的侍臣裔款，向他问道：

"国君怎么不上朝听政？"

"他正害羞，不敢见人呢！"裔款说，接着就把景公的遭遇一五一十描述了。

晏子了解情况后，就进内宫去见景公。景公看晏子来了，羞得无地自容，赶紧自言自语道：

"前天寡人不该太高兴，竟然披散着头发，坐六马大车，打从寝宫跑出来，一路嘻嘻哈哈的。一位受过刖刑的人看到了，跪下猛打马匹，把车子逼退回去，还大声吼道：'你不配当我的国君！'寡人得到大夫们的帮助，才能够领导老百姓来守住祖先的宗庙，如今却被受过刖刑的人所羞辱，连国家都一起丢脸了，我还够资格跟各国诸侯平起平坐吗？"

晏子回答说：

"国君别憎恶自己。我听说过：要是下面没有坦率的言辞，上面没有不敢见人的国君，那一定是人民说话多所顾忌，而国君的行为骄矜不讲理。古时候英明的君主在位的时候，下面就有坦率的言辞。君主好善，人民说话才会无所顾忌。如今国君的行为失检点，连受过刖刑的人都敢坦率批评，这是国君的福气。我就是特别来向您庆贺的呀！请奖赏他，以表明国君是好善的；礼敬他，以表明国君能接受规谏。"

"可以吗？"景公笑笑问。

"可以的。"晏子说。

于是景公果真免掉那个人的劳役，提高他的社会地位，还叫他没事时常来聊聊天。

邀臣夜饮

齐景公夜间喝了一阵酒，还不过瘾，就转移阵地到晏子家去。前导的人乒乒乓乓敲起晏子的家门，大声叫道：

"国君来到！"

晏子穿着便服跑出来，站在门口紧张地问道：

"诸侯没什么事故吧！国家没什么变故吧！国君为什么这么晚还来到我家？"

景公说：

"甜酒的美味，金石的乐音，愿意和您一起享受。"

"替您铺卧席，摆酒器的，另有其人，我不敢参与这些事。"晏子说。

景公说：

"算了！就转移到司马穰苴家去。"

前导的人又乒乒乓乓敲起司马穰苴的家门，大声叫道：

"国君来到！"

司马穰苴赶紧穿戴起盔甲，拿着武器跑出来。他站在门口，严肃地问道：

"诸侯之间没有发生战争吧！大臣也没有叛变的吧！国君为什么这么晚还辱临我家？"

"甜酒的美味，金石的乐音，愿意和您一起享受。"景公说。

"替您铺卧席、摆酒器的，另有其人，我不敢参与这些事。"司马穰苴说。

"好吧！就转移到梁丘据家去。"

前导的人又乒乒乓乓敲起梁丘据的家门，大声叫道：

"国君来到！"

梁丘据左手拿着瑟，右手拿着竽，边走边唱着歌出来迎接。一席酣乐的君臣通宵宴，就在梁丘据的家里举行了。

席间，景公高高兴兴地说：

"今晚我喝酒喝得多么快乐呀！要是没有那两位拒绝和我喝酒的人，怎么能治理我的国家呢？要是没有你，怎么能让我快乐呢？"

贤圣的君主都有益友，却没有苟且寻欢的臣子。景公比不上贤圣的君主，所以两类臣子都用了，结果仅仅不至于亡国，不能够有大作为。

覆面自刭

吴国靠伍子胥和孙武的谋略，西边攻破强楚，北面威服齐、晋，又向南讨伐越国，却被越王勾践迎头痛击，败于姑苏，吴王阖庐的手指也受了伤。战争结束后，阖庐对太子夫差说：

"你会忘记勾践杀你父亲这件事吗？"

"不敢忘！"夫差回答。

当夜阖庐就死了。

夫差即位后，任用伯嚭为太宰，实施严格的军事训练，三年后，出兵讨伐越国，在夫湫把越军打垮了。越王勾践率领残余部队五千人被围困在会稽山上，只好低声下气地派大夫文种送给吴太宰嚭很贵重的礼物，请求降服，愿意以臣的身份伺候吴国。

吴王将答应越国的投降，伍子胥却劝谏道：

"越王的为人能忍受辛苦，现在大王要是不消灭他，将来一定会懊悔的。"

吴王不听伍子胥的话，却用太宰嚭的建议，允许越国的求和。

过了五年，吴王听说齐景公死后，齐国大臣争宠，新即位的国君又幼弱，就想兴师北伐齐国。子胥劝谏道：

"不可以这样做。勾践对自己的生活起居力求简单，却很注意吊祭死者、探望病人，以赢得民心，而且又能因人善任，勾践不死的话，一定会带给吴国忧患。如今的越国，就好比我们心腹间的大病，那齐国只像疥疮罢了。大王不先伐越，竟然专力于伐齐，不是太荒谬吗？"

吴王不采信子胥的话，照样出兵伐齐，在艾陵大败齐师，然后和邹、鲁二国君会盟。从此吴王更加轻视子胥说的话。

过了四年，吴王将再度北伐齐国。越王勾践采用子贡的计谋，自动率领军队帮助吴国，又把贵重的宝物献给太宰嚭。太宰嚭既然多次接受越国的贿赂，就更加爱护越国，相信越国，一天到晚在吴王面前替越国讲话，吴王也就更加信任太宰嚭的建议。伍子胥又劝谏说：

"越国，是我们的心腹大患，如今大王却相信他那一套浮游无根、虚伪诈骗的话。那齐国，就好比一块石田，一点用处也没有。希望大王丢开齐国，先去讨伐越国，否则的话，将来后悔就来不及了。"

吴王还是不听，反而派子胥使齐国，探看虚实。子胥这次特别带了儿子出国，对儿子说：

"我屡次劝谏吴王，吴王都不采信，我已经无可奈何了。眼见吴国就要灭亡，你犯不着跟着吴国一起灭亡的。"

子胥就把儿子托付给齐国的鲍氏教养，自己只身回去复命。

太宰嚭既然跟子胥有过怨恨，就乘机向吴王进谗言说：

"子胥的为人，刚强凶暴刻薄，不知感恩图报，最会怨恨猜疑，惹是生非，以前大王想要伐齐，子胥拼命阻挡，结果大王还是打了一场漂亮的仗，子胥为此反而怨恨大王。如今大王要再度伐齐，子胥更加专断刚愎，极力规谏，诋毁当权的人，总希望吴国吃个败仗，好显示出自己的料事如神。如今大王要亲自率领全国军队远征齐国，如果子胥装病而不随军出征，大王可不能不防范，他留在国内惹出祸患来并不困难啊！况且我曾派人暗中监视他，发现他利用出使齐国的机会，把自己的儿子寄养在鲍氏那里。为人臣子在国内不得意，往往勾结诸侯以图谋不轨。子胥自以为是先王的谋臣，功绩显赫，如今不被重用，常常怏怏不乐，大王可要早做打算。"

吴王说：

"即使你不讲，我也怀疑他图谋不轨。"

吴王派人赐给子胥一把宝剑，命令道：

"你用这把剑自杀吧。"

子胥接到命令后说：

"谗佞的宰嚭想作乱，大王竟反而诛杀我。我帮助你的父亲称霸天下，也帮助你继位为王，难道你都忘了？当年议立太子时，那么多的子弟都在争抢，要不是我向先王以死力争，你还几乎不能被立为太子呢！你即位为王后，想分半个吴国给我，我都不敢接受。如今你为什么会听信谗臣而杀害忠厚的长者！"

子胥知道难逃一死，就告诉舍人说：

"一定要在我的墓上栽种梓树，等梓树长到可以制造器具的时候，吴国也就差不多了。还要把我的眼珠挖下来，挂在吴都的东门上，我要亲眼看到越国入侵的部队消灭吴国。"

子胥于是就伏剑自杀而死。

吴王听到子胥自杀前所讲的话，暴跳如雷，下令把子胥的尸体装进马皮囊里，投进大江中，让他漂泊无依。吴国人哀怜他，在江边替他盖了一座祠堂，那个地方也就叫作胥山。

十余年后，越国趁着吴王争霸中原而偷袭吴国。吴王赶回来与越人交战，落得大败，只好派大夫去向越国求和，但是越王不答应，吴国终于被彻底消灭了。吴王将死时说道：

"我因为不用子胥的建议才落得如此下场。要是死者没有灵魂，那该多好。要是死者还有灵魂，我有什么面目去见子胥呢？"

为了没面子见人，吴王先拿些棉絮盖住脸，然后自杀而死。

白龙化鱼

吴王想跟老百姓一起喝酒，伍子胥劝谏道：

"不可以。以前有条白龙，想到清爽寒凉的深渊去逍遥一番。由于深渊太窄，只好变成一条鱼。渔夫豫且看中这条美丽的白鱼，拿起箭来射中它的眼睛。白鱼一痛，又化成一条白龙逃回天庭，去向天帝控诉，要求天帝处死所有的渔夫们，不然也得杀死豫且。天帝问它说：'那时候，你是什么样子呢？'白龙回答说：'我变成一条鱼在清爽寒凉的深渊玩。'天帝叹口气说：'鱼本来就是人们射杀的对象，这样说来，豫且有什么罪呢？'

"那白龙，是天帝的宠物，豫且，只不过是宋国的一个渔夫。白龙不化作鱼，豫且就不会去射杀它。如果大王抛开万乘的尊位而跟老百姓一块儿喝酒，我担忧将会有被豫且射杀的祸患。"

吴王听了也就不敢跟老百姓纵酒取乐了。

敬慎第十

舌存齿亡

常摐患了重病，老子去探望他，说道：

"老师病得这样重，可有什么话要吩咐学生们吗？"

"你即使不问，我也要告诉你的。"常摐说：

"经过自己的故乡要下车，你知道是什么原因吗？"

"经过故乡要下车，不就是说不忘本吗？"老子回答。

"唉！正是这样。"常摐又问：

"看到高大的树木就要赶快迎上前去，你知道是什么原因吗？"

"看到高大的树木赶快迎上前去，不就是说要敬重老人吗？"老子回答。

"唉，答对了。"常摐说着，又张开嘴巴给老子看，问道：

"我的舌头还在吗？"

"是呀！"老子回答。

"还有牙齿吗？"

"没有了！"老子摇摇头说。

"你知道是什么道理吗？"常摐问。

老子说：

"舌头还存在，岂不是因为它柔软吗？牙齿所以不见了，岂不是因为它太刚硬吗？"

常摐说：

"唉！又被你答对了。天下所有的事理都包括在这里头，我没什么好再告诉你的了！"

不为子起

田子方和很多人陪坐在魏文侯身边聊天。忽然太子击快步走进来觐见，在座的宾客群臣纷纷起立致敬，只有田子方昂然坐着不起立。文侯流露出不高兴的样子，太子也一样不高兴。田子方看在眼内，自言自语道：

"要为你的儿子而起立嘛！又不知道礼数是怎么样？不为你的儿子而起立嘛！又不知道犯了什么罪？那么请让我为你说一段掌故吧！

"楚恭王当太子的时候，将到云梦大泽去，途中遇见大夫工尹。太子看到工尹匆匆忙忙回避到百姓家里去，也下车跟踪他到百姓家里。太子追问道：'您这位大夫为什么这样做呢？我听说，尊敬某个人，不必连同他的儿子一起尊敬。要是连同他的儿子都要一起尊敬，再没有比这更不吉祥的事了。您这位大夫为什么要回避我呢？'工尹说：'刚才我只是远远望见你的面貌，从现在起我会记住你的心意。果然这样的话，那么请问你将到哪儿去呢？'"

"说得好！"文侯说。

于是太子击就当着众人的面，背诵楚恭王说过的话，背诵了三遍，并宣誓要照着做。

升官宜吊

孙叔敖荣膺楚令尹，全国吏民都来贺喜。祝贺的人都走了，却有一个老人穿着粗布衣，戴着白帽子，进去表示吊唁之意。孙叔敖穿衣戴帽，打扮得整整齐齐地出来见他，恭敬地问道：

"楚王不知道我不贤能，硬是要我承受吏民们的污垢。一般人都来贺喜，只有你落在最后却是来吊唁的，难道是要告诉我什么道理吗？"

老人说：

"是的。身份已经尊贵，还要向人炫耀的，老百姓就会抛弃他；地位已经崇高，还要把持大权的，国君就会讨厌他；俸禄已经很优厚，还是不知足的，祸患就会黏住他。"

"非常感谢您的指教，我愿意再听听其他指示。"孙叔敖拜了两拜说。

老人又说：

"地位越是崇高，意态越是卑下；官做得越大，心愿越是细小；俸禄越是优厚，越是谨慎而不敢苟取。您能小心地守住这三条，就足够治理楚国了。"

酒入舌出

齐桓公为大臣们准备了盛宴，约好正午要开怀畅饮。管仲迟到了，桓公端起酒来罚他。管仲只喝了一半就把酒泼掉，桓公数落他说：

"超过约定的时间才来，受罚喝酒又把它泼了，在礼貌上说得过去吗？"

管仲回答道：

"我听说烧酒一落肚，舌头就伸出来；舌头一伸出，就会讲错话；讲错话的，连命都丢了。我私下一想，与其把命丢掉，倒不如把酒泼了。"

桓公笑笑说：

"仲父请起来上坐吧！"

醉酒弃身

楚恭王与晋厉公战于鄢陵而不利。暂时休兵的时候，楚司马子反口渴想要喝水，内竖（宦官）谷阳却拿酒给他。子反说：

"拿走！这是酒。"

"不是酒。"谷阳说。

"拿走！这明明是酒。"子反又说。

"不是真的酒。"谷阳又说。

子反忍不住酒的诱惑，就开怀畅饮起来，喝得醉醺醺的，倒头就睡。

楚恭王想整备部队，再来一次决战，派人召子反。子反推说心疼而不去。恭王亲自驾临子反的营帐，想和他商谈大事，却闻到一股酒臭味。于是恭王忿忿地骂道：

"今日的战争，正要靠司马来指挥部队，现在司马竟然醉得这样，简直是想灭亡我的国家，不爱惜我的军队。我不用再打了！"

于是楚恭王就诛杀司马子反，以为三军的警戒，然后才班师回国。

那谷阳端上美酒,并不是怀疑子反的忠诚,实在是因为爱护他,却恰好就杀了他。所以说:

"小忠,却贼害了大忠;小利,正残害了大利。好战的人不可不明察呀!"

甚忘忘身

鲁哀公向孔子问道:

"我听说最健忘的人,搬家的时候连妻子都忘了。有这样的事吗?"

"这还不是最健忘的人,最健忘的人连自己的身体都忘了。"孔子回答。

"会有这等情事吗?"哀公问。

孔子说:

"以前夏桀贵为天子,富有天下,却不照夏禹的方法治国,擅自毁坏国法,断绝祖先的祭祀,日夜贪图享乐,沉迷酒色。有个臣子叫作左师触龙,专门逢迎巴结他,谄媚阿谀个不停。后来商汤讨伐夏桀,左师触龙首当其冲被杀了,落得个身首异处,四肢不同穴。这就是忘记了自己的身体。"

"真是可怜!"哀公说着,表情大变,再不是刚刚那一副好玩的德性。

善说第十一

独不拜赐

齐宣王到社山打猎，社山的父老（年纪大的人）十三人一起来向宣王请安。宣王说：

"父老们辛苦了！"

宣王回头叫左右侍臣免掉父老们的田租。父老们都拜谢，只有一个闾丘先生不拜。宣王问道：

"父老们嫌赏赐太少吗？"

宣王又叫左右侍臣免掉父老们的徭役。父老们都再度拜谢，唯独闾丘先生还是不拜。宣王说：

"已经拜谢的可以走了，没拜谢的请上前。"

只有闾丘先生留下来。宣王说道：

"寡人今天来到贵地，承蒙父老们的慰劳，感到很荣幸，所以免掉父老们的田租，父老们都拜谢，只有先生不拜。寡人自以为赏少了，所以又免掉父老们的徭役，父老们都拜谢，又只有先生不拜。寡人难道哪里有过错吗？"

闾丘先生回答道：

"听到大王来打猎，我所以赶来向大王请安，只是希望大王让我长寿，希望大王让我富有，希望大王让我尊贵。"

宣王说：

"上天的杀与生都有一定的时候，不是寡人所能给予的，我无法使先生长寿；仓库虽然充实，是用来防备灾害的，我无法使先生富有；朝中大的官没有缺额，小的官又卑贱，我无法使先生尊贵。"

闾丘先生答道：

"这些并不是我敢奢望的。我只是希望大王选择善良富贵家有修养的子弟做官吏，法令规章订得近人情，这样我便可稍得长寿了；按照春夏秋冬四时来帮助人民，不烦扰百姓，这样我便可稍微富有了；希望大王颁布命令，叫少年人尊敬壮年人，壮年人尊敬老年人，这样我就可稍得尊贵了。今天很幸运获得大王的赏赐，但是免掉田租，会使得国库空虚；免掉徭役，官府就没有可差遣的人。这本来就不是做人臣子所敢奢望的。"

齐王说："很好！请先生来当宰相吧！"

鼎非周鼎

汉武帝时，汾阴发现一只宝鼎，进献到甘泉宫来。一时文武百官都来祝贺。他们说：

"恭贺陛下获得周鼎。"

只有侍中虞丘寿王却在外头煞风景，一再地说：

"那不是周鼎。"

皇帝知道了，就召见他，问道：

"朕获得宝鼎，文武百官都认为是周鼎，唯独你寿王认为不是，究竟是什么道理呢？解释得合理就让你活，否则，哼！"

虞丘寿王答道：

"我虞丘寿王哪敢没根据就乱说话呢？我听说那周朝的盛德开始滋生于后稷，发展于公刘，壮大于大王，成就于文王、武王，显扬于周公，盛德的惠泽上达天庭，下及泉穴，无所不通。上天受到感应，于是为周朝而重现了宝鼎，所以称为周鼎。现在汉朝从高祖继承周德以来，德行昭彰，恩泽广施，四面八方和谐亲睦，到了陛下这个时候更加隆盛，上天吉利的兆头于是接连而来，有征验的吉祥之事也都出现了。从前秦始皇亲自在彭城指挥打捞宝鼎，也没法得到它。上天为了显扬有德的帝王，宝鼎自然就来了。这是上天特别拿来送给汉朝的，所以是汉鼎，不能叫作周鼎。"

"果然是汉鼎！"武帝高兴得叫起来。

文武百官听了都高呼万岁。当天，虞丘寿王获得黄金十斤的赏赐。

民宜参政

晋献公时，东郭民有个叫作祖朝的，上书给献公说：

"老百姓东郭民祖朝，希望能够了解国家大计。"

献公派人去告诉他说：

"吃肉的官吏已考虑好了，吃野菜的老百姓还有什么好干预的呢？"

祖朝回应道：

"大王难道没听说过古时候有个将军叫作桓司马的吗？他该在大清早去朝见国君，但起床晚了，只好吩咐马车加速奔驰。驾车的人吆喝起马匹，右边骖乘的人竟然也吆喝起来。驾车的人就抓住骖乘的手肘制止道：'你为什么超越了本分？怎么也大声吆喝？'骖乘回答道：'该吃喝就吃喝，这是我的权利。你应当好好拉住缰绳，扣紧衔勒，怎么来抓我的手呢！你如果不拉住缰绳、扣紧衔勒，要是马匹突然受惊，乱闯起来，会碾压到路上行人的。如果在战场上遭逢大敌，到时下车脱剑、践踏鲜血肝胆前进的，固然是我的本分，你难道不会抛掉你的缰绳，下来帮助我吗？马车奔驰，要是翻覆，灾祸也会牵连到我身上，我同样非常担忧，我怎么能不吃喝呢？'"

"现在大王说：'吃肉的官吏已考虑好了，吃野菜的老百姓还有什么好干预的？'假使吃肉的官吏有一天在朝廷上有失策之处，像我们吃野菜的人，难道不会血肉模糊、肝脑涂地吗？灾祸也会牵连到我身上，我同样非常担忧，我怎么能不干预国家大计呢？"

献公认为这个老百姓很关心国事，值得鼓励，就召见他，和他谈论了三天。谈到再也没什么值得忧虑的时候，祖朝很安心地就要告退，献公舍不得他走，于是聘他为师。

弹状如弹

有个宾客跟梁惠王说：

"惠子谈论事理，善于使用比喻。大王叫他不要打比喻，他就不能高谈阔论了。"

"好办法！"梁惠王说。

第二天，惠子来晋见，梁王就向惠子说：

"希望先生谈论事情就直截了当一点，不要打比喻。"

惠子说：

"假如现在有个人不知道什么叫作'弹'，他问道：'弹的形状像什么？'我回答说：'弹的形状就像弹。'这样他能明白吗？"

"那当然不明白。"梁王回答。

"那么接着回答他说：'弹的形状就像弓，用竹做弦。'这样他能明白吗？"

"那该明白了。"梁王回答。

惠子说：

"要说明事理，本来就应该拿对方已知的事物来解释对方所不知的，才好让他明白。要是大王限制我不能打比喻，就没办法沟通思想了。"

"好的，你就多多打比喻吧！"梁王说。

所托使然

孟尝君推荐他的食客给齐王，过了三年还没被录用。这位食客等得不耐烦，回头就去对孟尝君说：

"您把我推荐出去，过了三年还没被录用，不知道是我的罪过呢？还是您的过失？"

孟尝君说：

"我听说：丝线依赖针而穿入，却不能依赖针来使它绷紧；嫁女儿要依赖媒人撮合而成，却不能依赖媒人来使夫妇亲热。先生的手腕一定是很差劲，怎么好反而来怪我呢？"

食客说：

"不能这样说！像那周氏的䎛，韩氏的卢，都是天下善跑的狗。要是看见兔子再指点给他，那么兔子绝逃不掉。要是远远望见兔就放狗去追，那么经过几世也捉不到兔子的。狗并不是无能，而是指点它的人有问题。”

孟尝君说："不对不对！从前华舟和杞梁二人出征而死，他们的妻子很悲伤，向着城墙痛哭，城角为她们而崩塌，城墙也跟着倾斜。君子真能够有充实的内涵，那么万物自然感应于外。土壤尚且为尽心耕耘的人生产米粮，何况是拥有米粮的国君呢？"

食客说：

"不是这样的。我看到那鹪鹩筑巢在芦苇花上，用毛发粘得很坚固，即使精巧的女工也不能编得那样好，可以说非常完美坚固了。但是大风一刮，芦苇折断，就跌个卵破子死。为什么呢？所寄托的地方使得如此下场！狐狸是人人想攻打的，老鼠是人人想熏捕的，我却不曾看见谷神庙里的狐狸被人攻打，也没看过土地庙里的老鼠被人熏捕。为什么呢？所寄托的地方使得它们安安全全啊！"

孟尝君觉得好没光彩，再度郑重地指点他到齐国去，结果猎得了宰相的高位。

不可衣量

林既穿着粗陋的韦带布衣去朝见齐景公。齐景公不屑地说：

"这是君子的服饰呢？还是小人的服饰呢？"

林既忸忸怩怩的，走也不是，站也不是，终于绷着脸儿应道：

"只看衣服，怎么足够衡量士人的德行呢？以前荆人佩长剑而戴高帽，却出现了令尹子西；齐人穿短衣而戴宽边帽，却出现了管仲、隰朋；越人身上刺花纹，头发剪断，却出现了范蠡、大夫种；

西戎的衣襟开在左边、发结如尖椎，却出现了由余。假如像君上所说的，那么穿狗裘的该当像狗一样汪汪吠，穿羊裘的应当像羊一样咩咩叫，而君上穿着狐裘上朝，难道不会因此而改变声调吗？"

景公说：

"你算得上勇猛强悍了。我还没听过像你这样奇怪的辩论的，真是所谓一邻之间的斗嘴，简直像千乘兵车的气势。"

林既说："不知道君上所说的究竟是指什么？登临高峻危险的地方而眼睛不花乱，脚不疲软的，这是工匠的勇猛强悍；潜入深渊，刺杀蛟龙，抱黿鼍而出的，这是渔夫的勇猛强悍；进入深山，刺杀虎豹，抱熊罴而出的，这是猎人的勇猛强悍；不以断头为难，裂开肚，暴露骸骨，流血成渠的，这是武士的勇猛强悍。如今我在广大的宫廷，绷紧脸孔，以严辞正辩冒犯主君的，眼前虽有座车高爵的赏赐，不为之而动心；身后虽有斧锧严刑的威吓，也不为之而恐慌。这就是我林既所以勇猛强悍的缘故。"

浮君大白

魏文侯跟大夫们喝酒，指定公乘不仁执行酒令，下令说：

"喝酒不干杯的人，该罚一大杯。"

公乘不仁严格执行这道酒令，尽瞅着人家的杯子，却没逮到一个。喝到后来，大家都醉醺醺的，公乘不仁好不容易才逮到一个，赶紧举起大杯子叫道：

"罚主君。"

文侯只瞅着杯子，却不反应。伺候国君的人说：

"不仁退下去，主君已经醉了。"

公乘不仁朗声说：

"周书上说：'前面车子的翻覆，是后面车子的警戒。'这是因为情况危险呀！做人臣子的不能轻忽它，做人君的也不能轻忽它。现在主君已经下了酒令，令不实行，可以吗？"

"好的！"文侯说着，举起大酒杯就喝。

文侯喝完了罚酒，说道：

"请公乘不仁做上客。"

楚材晋用

蘧伯玉出使到楚国去，在濮水边遇到楚公子皙。子皙拿着喂马的草料迎接他，说道：

"请问贵客要上哪儿去？"

蘧伯玉靠在车前的横木上向他敬礼。公子皙说：

"我听说上等的士可以把女色寄托他，中等的士可以把言辞寄托他，下等的士可以把财富寄托他。这三种士能够以身相托吗？"

蘧伯玉说：

"我乐意接受你的付托。"

蘧伯玉到了楚国，拜见了楚王，把出使的事情办妥后，坐下来聊天，自自然然地谈到了士。楚王问道：

"哪一国的士最多？"

"楚国的士最多。"蘧伯玉回答。

楚王听得乐坏了。蘧伯玉慢吞吞地又说：

"楚国最多士，楚国却不能用。"

"这是什么话呢？"楚王紧张地问。

蘧伯玉说：

"伍子胥生长于楚国，逃亡到吴国，吴国接纳他，任用为宰相，后来出兵攻楚，毁坏平王的坟墓。衅蚡黄生长于楚国，奔走到晋国，替晋国治理七十二县，使得行人不捡拾别人遗失的东西，老百姓不贪得非分的财物，城门不必关闭，国内没有盗贼。今天我来贵国的时候，在濮水边遇到公子晳，看他行色匆匆的，又不知道他将要去治理什么地方了。"

楚王听了，赶紧派遣一位专使，乘坐一辆四马拉的华贵车子，加上副使的两辆快车，尽全速去追赶公子晳。原来公子晳还逗留在濮水边，满怀信心地在等待好消息呢！他因为付托得人，终能回到楚国而被重用。

盈而不虚

孟尝君有个负责看大门的食客，叫作张禄。有一天，张禄拜见孟尝君说：

"想让衣服常新而不旧，仓库充盈而不空虚，这是有办法的，您知道吗？"

孟尝君说：

"衣服常新而不旧，那就美观了；仓库充盈而不空虚，那就富有了。怎么做才能这样呢？能够说来听听吗？"

张禄说：

"希望您尊贵了就要提拔贤人，富有了就要救济穷人，这样就能衣服常新而不旧，仓库充盈而不空虚。"

孟尝君认为他的话很有道理，整天都在回味它的含义，分析它的文辞。等到第二天，就派人捧着黄金百斤和织有花纹的布百匹，赠送给张先生。张先生却推辞掉，不愿接受馈赠。

后来张先生又去晋见孟尝君。孟尝君说："我私下很欣赏您的指教，所以前天派人捧着黄金百斤和织有文彩的布百匹赠送给先生，好让您贴补家用的不足。先生为什么推辞而不接受呢？"

张禄说：

"您要是挖出偶尔拥有的金钱、搬出仓库里的粮食来补贴士人，只会落得衣服破烂、鞋子穿底而不够开销罢了，怎么能使得衣服常新而不旧、仓库充盈而不空虚呢？"

"这样说来，那么该怎么做呢？"孟尝君问。

张禄说：

"那秦国是个四境均有要塞的险固国家，想游说求官的人都无法进入。希望您替我写一封长信，把我推荐给秦王。我到秦国要是被任用，就等于您亲自到秦国当大官；要是不被任用，那么即使有人想在秦王面前中伤您，那秦王也会想起您曾推荐我的这回事。"

孟尝君就替张禄写封信，把他推荐给秦王。张禄一到秦国，就被秦王重用了。

有一天，张禄向秦王报告说：

"自从我来到大王的国境，田地日渐开辟，官吏和百姓的政事更加上轨道。但是大王有一样东西没得到，大王知道吗？"

"究竟还有什么东西？"秦王问。

张禄说：

"那山东齐国的宰相叫作孟尝君的，真是个贤人。天下没有紧急的变故便罢了，要是有紧急的变故，他就能收纳天下英雄豪杰才俊之士。天下值得联合交往的，我想大概只有这个人了。既然这样，那么大王为什么不透过我和他亲善亲善呢？"

秦王听从张禄的建议，派人带了千金去赠送给孟尝君。秦王特使到达的时候，孟尝君非常惊讶，仔细想一想后，才恍然大悟说：

"这就是张先生所说的衣服常新而不旧、仓库充盈而不空虚的道理吧！"

枯鱼之肆

庄周家里闹穷，去向魏国告贷些小米。魏文侯说：

"好的，等老百姓纳了粮，一定给你送去。"

庄周说：

"今天我来的时候，看见路旁的牛脚印中有条鲫鱼叹着气向我问道：'我还能活吗？'我说：'等我替你到南方晋见楚王，求他溃决长江、淮水来帮你灌水。'鲫鱼瞪着眼狠狠地说：'现在我的性命只要一盆一瓮的水罢了，竟然要替我去见楚王，求他溃决长江、淮水来帮我灌水，那你就要到枯鱼市场找我了。'现在我因为闹穷才来借些小米，你却说等老百姓纳了粮再给我，即使马上送来，也要到佣工市场找我了。"

文侯于是就拨出百钟（六斛四斗为一钟）的大米，派人送到庄周的家里。

高不可增

子贡拜见太宰嚭，太宰嚭问道：

"孔子是怎样的一个人？"

"我不够了解他。"子贡回答。

"你不了解,为什么侍奉他呢?"太宰问。

子贡回答说:

"正因为不了解,所以要侍奉他。夫子就像广阔的山林一样,人们可以分别从他那儿取得需要的材料。"

"你说得夸张了点吧?"太宰嚭问。

子贡回答道:

"这不能算夸张。我端木赐好比一堆土壤。拿一堆土壤加到大山上面,不能增加它的高度,只会显得自己的笨拙。"

"既然这样,那么你对夫子的学问该有所斟酌选择呀!"太宰嚭说。

"不错!天下有这样一个大酒樽,只有你不去斟酌享用,不知道是谁的罪过哪!"子贡回答。

渴饮江海

赵简子问子贡说:

"孔子做人的态度怎么样?"

子贡回答说:

"我不太了解。"

简子不高兴地说:

"你侍奉孔子几十年,完成了学业才离开他,寡人一问你,你却推说不太了解他。你这是什么意思?"

子贡说:

"我就像口渴的人吸饮江海的水,很快就满足了。孔子就像江海，我怎么足够去了解他呢？"

"子贡的话，的确有道理！"简子说。

每变益上

赵简子向成抟问道：

"我听说羊殖是位贤能的大夫，他的德行怎么样？"

"我不知道。"成抟回答。

"听说你跟他最要好，连你都不知道，为什么呢？"简子问。

成抟说：

"他做人的态度老是改变。当他十五岁的时候，廉洁而不隐匿自己的过失；二十岁的时候，仁爱而崇尚正义；三十岁的时候，做晋国的中军尉，勇敢而更崇尚仁德；五十岁的时候，当边城的守将，又能使远方的人来亲近。现在我已经有五年没见他了，恐怕他又改变，因此才说不知道。"

简子说：

"果然是位贤能的大夫，每次改变都更上一层。"

奉使第十二

不可预知

赵国使者要出发到楚国去，那时候赵王正在弹瑟，特别停下来告诫他说：

"一定要按照我吩咐的话说。"

使者顿了一下，才说：

"大王弹瑟的声调，今天特别优美凄凉呀！"

"大概是宫商诸弦刚刚调整得很和谐罢！"赵王客气地回答。

"既然调整得这么和谐，为什么不在弦柱上做个记号呢？"使者建议。

"空气的湿度不一样，会影响到弦的张力，弹出来的声调也就有差异。天气的变化不可知，宫商高低随时会迁徙，所以不能做记号。"赵王说。

使者接口说：

"贤明的君主派遣使者，只把任务和原则交付给他，并不先制定辞令来限制他。因为使者到了外国，遇到吉事就要向人祝贺，遇到凶事就要向人慰问。如今楚国离开赵国有一千多里路，吉凶忧患不可逆料，就好比弦柱不能做记号一样。有句诗说得好：'那些匆匆赶路的使者们，常常担忧不能赶上时间。'"

虽死无二

楚庄王亲自率领军队讨伐宋国，宋国向晋告急求救。晋景公想派军队去拯救宋国，大夫伯宗进谏说：

"上天正在开拓楚的国运，不可轻易出兵讨伐。"

于是晋国就访求壮士，找到一个霍人，叫作解扬字子虎的，派他去叫宋国不要投降。解扬路过新近跟楚国亲善的郑国，泄露了身份，被逮捕了。郑人把他献给楚王后，楚王拿优厚的礼物送给他，跟他订约，要他颠倒晋人的话，改成叫宋国赶紧投降。经过再三的要求，解扬才勉强答应。

于是楚人就让解扬乘着楼车，逼近宋城，要他呼唤宋国赶紧投降。解扬高高站在楼车上，大声叫道：

"晋国正在动员全国兵力来援救宋国，宋国即使危急，千万不要投降，晋兵立刻就来了。"

楚庄王很愤怒，要烹杀他。解扬说："国君制定的命令，就是正义；臣下能禀承命令，就是守信；我禀受国君的命令出来办事，即使死在眼前，也不敢变心。"

"你既然答应过我，一转身就违背誓言，你守信守在哪里？"楚庄王斥责他。

"我冒着死罪答应大王，只想借此来完成国君交付的使命。因此而被杀，我不会有遗恨的。"解扬仰仰头面对刑具大声说着，又转回头向楚王说：

"做人臣子的，都不会忘记因为尽忠反而被杀死的人。"

楚王几位弟弟都主张赦免解扬的死罪，楚庄王只好赦免了他，还让他回晋国去。后来晋国任命解扬为上卿，人们都称他为霍虎。

颠倒衣裳

魏文侯封太子击于中山，有三年的时间没半个使节往来通音信。太子的侍从官赵人仓唐进谏说：

"为人子女，三年没听到父亲的消息，不能称得上孝顺；做人父亲的，三年不垂问子女，不能称得上慈爱。您为什么不派个人出使到父母之国呢？"

"我好久就想这样做，只是没找到可以派遣的人。"太子说。

"我愿意完成这个差使。"仓唐问，"请问君侯有什么嗜好？"

"君侯喜欢吃野鸭子，又喜爱北方的猎狗。"太子说。

于是太子就请仓唐牵一条北方的猎狗，捧几只野鸭子，回到魏国去献给文侯。

仓唐来到魏国，请求谒见。他说：

"君上的孽子击派来的使者，不敢跟大夫们在朝廷并列，请赐给一点休闲的时间，让我捧着野鸭子，敬献给您的厨子；让我牵着北方的猎狗，敬献给您的太监。"

文侯得到了报告，高兴地说：

"击儿真孝顺，知道我爱吃的，知道我喜欢的。"

文侯召见仓唐，问道：

"击近况还好吗？"

"嗯！嗯！"仓唐只用鼻音回答。

文侯连问了三次，仓唐都只嗯一下，最后才迸出话来：

"君上派出太子，封他为国君，却直呼他的名，这是不合礼法的。"

文侯一下子惊讶得变了脸色，终于改换语气，郑重问道：

"你的主君还好吗？"

"我来的时候，他还在宫廷里拜读书信呢！"仓唐回答。

文侯回头指着左右侍者，问道：

"你的主君，长得跟谁一样高？"

"按照礼法，比拟一个人一定要找同等的对象，诸侯没有可以相称的，就不能够比拟。"仓唐庄重地说。

"长大得跟寡人差不多了吗？"文侯又问。

"君上赐给他的外府的皮裘，已经能够穿了；赐给他的腰带，还不必放宽。"仓唐回答。

"你的主君研读什么？"文侯又问。

"研读《诗》。"仓唐答。

"对于《诗》，他喜欢哪几篇？"文侯又问。

"喜欢读《晨风》《黍离》两篇。"仓唐回答。

"那疾飞的晨风，飞入浓郁的北林；看不见君子，叫人忧心钦钦。为什么？为什么？那么久都忘了我。"文侯自己朗诵起《晨风》首章，接着问道："你的主君以为我忘了他吗？"

"不敢，只是常常思念君上罢了。"仓唐回答。

"是黍？是稷？那茂密的禾苗，横在路上随风飘遥。一步挨一步迈向未知，我的心也像禾苗在飘遥。人家正为远离而烦忧，偏偏有人怪我妄想追求。悠悠苍天哪！是谁使我孤零零一个？"文侯又吟哦了《黍离》首章，接着问道："你的主君埋怨我吗？"

"不敢，只是常常思念君上罢了。"

文侯于是赐给太子一套衣服，打发仓唐马上回去复命，并命令仓唐务必在鸡啼的时候回到中山。

仓唐一路上抱怨魏文侯对太子那么冷淡，竟然没有一点爱意。一套衣服算得了什么呢？仓唐想：这一趟是白走了，实在没脸再见太子。不过，他还是按照指定时刻回到中山，硬着头皮求见太子。

公鸡的啼叫声此起彼落，天色还未明亮。太子一听说仓唐回来，赶紧起床迎接拜谢。仓唐只能默默奉上衣箱。

太子接受赏赐后，打开衣箱，看见那套衣服翻转颠倒，都是里在外，面在内。太子立刻说：

"赶快！趁早驾马车，君侯召见我。"

"我回来时并没接到这个命令。"仓唐很惊讶。

太子说：

"君侯赐我衣服，不是怕我着凉。他想召见我，又不愿别人知道，所以命令你务必在鸡啼时赶到。那《诗》上说：'东方还没露出曙光，为了赶上早朝，慌慌张张，却颠倒了衣裳，正在颠来倒去时，君侯又派人来催。'"

于是太子立刻赶回魏国拜见文侯。文侯看到太子回来，非常高兴，就摆列盛宴欢迎他。文侯在席间向群臣说道：

"疏远贤人而亲近所宠爱的，不是治国的长策。"

于是文侯改封少子挚为中山君，而让太子击回到自己身边来。

无变国俗

越国派大夫诸发拿一枝梅花赠送给梁王。梁王有个臣子叫作韩子，忿忿地回头向其他臣子说：

"哪有用一枝梅花来赠送国君的呢？等着瞧吧！我替你们去
羞辱他。"

韩子就出去向诸发说：

"我们大王有令，来客戴帽子才以礼召见，不戴帽子就免谈。"

诸发说：

"我们越国也是天子所封，只因没得到冀州、兖州，才在偏
僻的海边辟地居处，而蛟龙又来和我们争地盘。我们把头发剪断，
在身上刺花纹，让色彩斑斓可观，打扮得像个龙子，就是为了防
避水神。如今贵国却吩咐戴帽子才以礼召见，不戴帽子就不召见，
假使贵国使者有一天也访问敝国，敝国的国君也下一道命令说：
'客人一定要剪发纹身才召见。'这样贵国将有什么感受？如果
你们觉得心安，我愿意借顶帽子觐见；如果心里觉得不安，希望
不要改变敝国的习俗。"

梁王听到这件事，赶紧穿好衣服出来接见诸发，并下令放逐
韩子。

天子召见

晏子出使到吴国，吴王交代管外交的大臣说：

"我听说晏婴是北方最有辩才又熟悉礼仪的人，如今来到我
们吴国，可要吩咐礼宾官：客人来了，就高喊天子召见。"

第二天，晏子有事求见吴王。吴国的管外交的大臣安排好时
间，就自行传达命令说：

"天子召见齐国大使。"

晏子听了，再三显出局促不安的样子，忧惧地说：

"我奉敝国国君的命令，出使到吴王的国度，笨拙的我却迷迷糊糊误撞入天子的朝廷。请问吴王在哪儿？"

吴王看着没办法自大，只好改变语气说：

"夫差请见。"

晏子终于只用见诸侯的礼仪觐见吴王。

不剖而食

齐景公派晏子出使楚国。楚王叫人送来几个橙子请晏子吃，盘子旁边还摆了一把削皮刀。晏子答谢后，不客气地就当着楚王面前吃得津津有味。看到晏子那种吃相，楚王忍不住笑起来，说道：

"吃橙子要先剖开再剥皮。"

原来晏子是连皮带瓤整个咬橙子的。晏子也笑笑说：

"我听说：在人主面前受到赏赐吃东西，瓜桃不可削皮，橘柚不可剖开。如今大王没有先示意，我就不敢拿刀子剖开它，并不是我不知道橙子要剖开剥皮呀！"

橘化为枳

晏子将出使楚国，楚王知道了，赶紧跟左右亲信商量道：

"晏子是个贤人，现在要来我国，我想羞辱他一番，用什么方法比较好呢？"

"等他来的时候，我就绑一个罪人打从大王面前牵过去。"左右亲信说。

晏子来到楚国了。有一天，楚王故意跟晏子站在宫外谈话。

官吏押着一个被绑着的人，打从他们前面经过。楚王明知故问道：

"那是什么人？"

"齐国人。"官吏回答。

"犯了什么罪？"楚王问。

"犯了偷窃罪。"官吏答。

"齐国人本性喜欢偷窃吗？"楚王冲着晏子说。

晏子回头看看那个犯人，说道：

"江南有橘树，齐王派人拿去种在江北，结果长大后不结橘子，却变成枳。为什么会这样呢？大概是土地气候的不同才使它变种吧！如今齐人住在齐国不曾偷窃，来到楚国就手痒，难道不是土地气候使他这样吗？"

楚王说道：

"我想跟你开个玩笑，反而损了自己。"

不肖使楚

晏子出使到楚国。晏子身材矮小，楚人探听了他的身高，特地为他在王宫大门旁边开个恰到好处的小门，让晏子专用。当晏子来的时候，礼宾官请他走小门。晏子停下来，不肯接受这份盛情，说道：

"出使到狗国才从狗洞进入，现在我出使楚国，不应该走这个洞洞。"

礼宾官只好打开大门，让他入宫拜见楚王。

楚王看到这个侏儒，没好气地说：

"齐国没有人吗？"

晏子回答道：

"齐都临淄有万户人家，一齐张开袖子就是一片帐幕，挥洒汗水就像下场大雨；大家肩并着肩，脚跟接着脚跟，都在忙着工作，怎么说没有人呢？"

"既然有人，为什么派你当使节？"楚王问，提高了声调。

晏子说：

"齐国派遣使节有个原则：贤能的人出使到君主贤明的国家，不贤能的人出使到君主不贤明的国家。我晏婴被认定最不贤能，所以只配出使到楚国呀！"

辞令造命

秦、楚两国起了冲突，秦王派人到楚国办交涉。秦使节一来到楚国，楚王就叫人去戏弄他说：

"你来的时候也占卜过吗？"

"是的！"使节回答。

"占卜的征兆怎样？"

"很吉祥。"使节回答。

"唉！太荒唐了！由此可见你们国家并没有神龟。我们大王就要杀掉你，用来衅钟（用血涂补钟的缝隙），怎么会吉祥呢？"

秦国使节说：

"秦楚两国发生冲突，我们大王派我来，就是想试探你们。要是我死了，大王看我没回去，就会加强警戒，整顿军队，以防备楚国的侵略，这就是我所谓的吉祥。况且假使人死了便没有灵魂，拿他来衅钟又有什么用呢？假使人死了还有灵魂，我难道会舍弃秦国来帮助楚国吗？我将使楚国的钟鼓发不出声响。钟鼓发不出声响，就没办法整齐士卒而指挥军队了。杀人家的使节，阻绝人家的交涉，不是古代通行的法则。请您这位大夫仔细考虑考虑吧！"

楚王得到这一番报告，赶紧赦免秦国的使节。秦使自能转祸为福，这就是所谓的"造命"。

问梧之年

楚国派使节到齐国拉交情，齐王在梧宫摆下国宴款待他。楚使节说：

"好大的梧桐啊！"

齐王说：

"大江大海的鱼可以吞没舟船，大国的树木也一定巨大。使者何必惊怪呢！"

楚使节说：

"从前燕国攻打齐国，军队循着雒路，渡过济桥，焚毁临淄的雍门，攻击齐国的左边，就使得齐国的右边空虚。齐将王歜在杜山上吊而死，公孙差在龙门格斗被杀，燕兵长驱直入，在淄水、渑水放马饮水，又在琅琊打了决定性的大胜仗，逼得齐王与太后奔逃到莒城，亡命于城阳的山里。在那个时候，梧桐究竟有多大呢？"

"陈先生，你告诉他吧！"齐王说。

"我比不上刁勃的渊博。"陈子说。

"那么请刁先生告诉他。"齐王说。

刁勃说：

"使者问梧桐的年龄吗？以前荆平王暴虐无道，加害申氏，杀死伍子胥的父亲和长兄，逼得子胥逃亡到吴国，披发乞食，饿倒街头。后来吴王阖庐重用他为将相，只隔三年，伍子胥就率领吴兵向楚国复仇，在柏举一战击溃楚军，砍下百万首级，楚将囊瓦逃奔到郑，楚昭王也藏匿于随。伍子胥于是率军进入楚都，军队如云涌般笼罩了整个郢城。子胥拉弓亲射宫门，挖掘平王的坟墓，鞭打棺材，追讨平王的老账说：'我的先人没有罪，你却杀害他。'子胥自己鞭尸还嫌不够，又叫每个士兵轮流鞭打一百下，才算泄了愤。在那个时候，梧桐枝干已经可以作为鞭打的棍棒了。"

师强王坚

蔡国派遣师强、王坚两人出使楚国。楚王听到他们的名字，说道：

"人名都叫得这样响当当，只是为了表示他们的军队强盛和国王的意志坚定吗？"

楚王赶紧召见他们。觐见时，他们不按照礼仪行事，看看他们的大块头，就令人怀疑是冒着假名来的，而讲起话来很难听，五官也令人看了恶心。

楚王因此非常生气，说道：

"当今蔡国没有人才了吗？果然如此，这个国家就可以讨伐。有人才而故意不派遣吗？果然这样，也可以讨伐。是专门派这两个人来警告寡人吗？假使这样，那更应该讨伐。"

为了派遣两个使者，引起人家三个讨伐的动机，这蔡国真糊涂啊！

献鹄空笼

　　魏文侯派遣亲信毋择献一只天鹅给齐侯。毋择在半路上让它跑掉了。他照样来到齐国，拜见齐侯，献上空笼子，说道：

　　"敝国君派我毋择献上天鹅一只，在路上我看天鹅饥饿口渴，就放它出来吃东西喝水，谁想到天鹅竟然一飞冲天，不再回来。我并不是没钱再买一只天鹅来顶替，但是，怎么有替国君出使，却草率更换礼物的呢？我并不是不能拔剑自刎，让肉体腐烂、骸骨暴露于荒野，只是怕我的国君从此有重天鹅而轻士子的恶名。我并不是不敢逃亡于陈、蔡二国之间，只是怕因此而断绝了齐、魏两国国君的来往。有了这些顾忌，所以我才不避死罪，来献上空笼子。现在就任凭主君斧锧严刑的诛戮吧！"

　　齐侯非常高兴，说道：

　　"寡人今天听到这些话，远胜过得到三只天鹅。寡人在都城郊外有百里地，愿意献给大夫作为汤沐邑（古时帝王赐予诸侯的土地，其收入供斋戒、沐浴用）。"

　　毋择回答说：

　　"哪里有为自己的国君出使而粗心丢掉礼物，又贪图诸侯土地的呢？"

　　毋择辞谢了齐侯，就离开齐国，却没回魏国去。

权谋第十三

以目代耳

齐桓公单独和管仲商量讨伐莒国的事，计划还没有发布，国人却已经知道了。桓公觉得很奇怪，便问管仲。管仲说：

"国内必定有圣人。"

桓公感叹地说道：

"唉！前天那些做工的人，其中有一个拿柘木杵的人老是向上看，大概就是他吧！"

管仲叫那些工人再来做工，不能够有顶替的。过了一会儿，东郭垂来了。管仲说：

"一定是这个人。"

管仲就叫礼宾官请他到朝堂上。按阶级站好了，管仲问道：

"就是你说出要讨伐莒国的吗？"

"是的。"东郭垂回答。

"我并没说要讨伐莒国，你怎么那样说呢？"管仲问。

东郭垂说：

"人家说君子善于谋划，小人善于揣测。我是私下揣测的。"

"我并没有提到伐莒的事，你怎么揣测的？"管仲又问。

东郭垂说：

"我听说君子有三种脸色：悠游自得欢喜快乐的，是敲钟击鼓演奏音乐的脸色；哀愁安静凄凉的，是办丧事的脸色；勃然盛气充斥眉宇的，这是将用兵的脸色。那天，我望见您在台上和国君谈话，勃然盛气充斥眉宇，这是将用兵的脸色。您压低声音而不拉长声调，所谈的就是莒国的事；您举起手臂所指向的地方，也是莒国的方向。我私下想，那些小诸侯中，还没降服的，大概只有莒国吧！所以我才说国君将伐莒了。"

何国先亡

　　晋国太史屠余眼见晋国混乱，晋平公义骄纵无德义，就抱着晋国的法典回到周。周威公召见他，向他问道：

　　"天下国家，哪个先灭亡？"

　　"晋国先灭亡。"屠余回答。

　　威公追问其道理。屠余说：

　　"我不敢直接劝谏，就把天上出现的奇异现象指给晋公看，要他注意日月星辰的运行大都脱离了轨道，他却说：'多奇妙啊！为什么能这样呢？'我告诉他因为人事多变迁，百姓多埋怨，他却说：'这有什么关系？'我又告诉他邻国将不顺服我们的作为，贤良的人将不会跟我们在一起，他却说：'这又有什么要紧呢？'晋平公根本不知道存亡的道理，所以我断言晋国会最先灭亡。"

　　过了三年，晋国果然被韩、赵、魏三国瓜分而灭亡。

　　晋被瓜分后，威公又召见屠余而问道：

　　"哪一国将接着灭亡？"

　　"下一个就是中山国。"屠余说。

　　威公追问他有什么征兆。屠余说：

"天生众民，本来就叫人们要有所分别。有所分别，是做人最起码的道理，人类和禽兽麋鹿不同的地方就在这里，君臣上下的关系也靠着它而建立。中山国的风俗，拿白天当夜晚，拿夜晚继续白天的荒唐，男女混在一起，毫无节制，只知荒淫昏乱，尽情享乐，又喜欢歌唱悲哀的曲子，他们的国君却不知道禁绝它。这是亡国的征兆，所以我断言下一个灭亡的是中山国。"

过了两年，中山国真的被灭亡了。

中山亡后，威公又召见屠余而问道：

"下一个又是哪个国家呢？"

屠余不肯回答。经过威公再三的请求，屠余才说：

"下一个就是您了。"

威公非常恐慌，赶紧访求国内年长有德的人，得到锜畴、田邑二人而尊崇他们，又得到史理、赵異二人作为谏臣，并且除去苛刻的法令三十九件。威公把这些措施告诉屠余，屠余却说：

"大概还可以让国运延长到你的一生。我听说国家要兴盛时，上天会送给他贤人和竭力诤谏的臣子，国家要灭亡时，上天就会送给他作乱的人和善于谄媚的臣子。"

威公死了以后，果然国内大乱，经过九个月都没办法安葬。从此小小的周就分裂为东、西二周了。

行之者主

蔡国人威公关起门来哭，哭了三日三夜，哭得眼泪都干了，甚至流出血来。邻居从墙外偷看到他痛苦的情形，就问他说：

"你为什么哭得这样伤心呢？"

威公叹口气说：

"我们国家快要灭亡了！"

"你怎么知道的呢？"

"我听说病得快死的人，替他推荐再好的良医也起不了作用；注定要灭亡的国家，为它提供再好的计谋也不会被接受。我屡次劝谏国君，国君都不采纳，可见国家快要灭亡了！"威公说。

那位从墙外窥探的人听了他的话，不久就把全族人都搬到楚国去了。

过了几年，楚王果然派军队讨伐蔡国。威公那个邻居也当起楚国的军官，带着军队跑来跑去，俘虏了很多人。他常常问俘虏们说：

"有没有我的兄弟或老朋友呢？"

他发现威公也跟俘虏们被绑在一起，就问他说：

"你怎么落到这个地步？"

威公回答说：

"我怎么不会落到这个地步？我听说过：言论家是实行家的奴隶，实行家是言论家的主人。你能实行我说过的话，所以你是主人，我是奴隶。我怎么不会落到这个地步呢？"

威公的邻居去向楚王求情，就把威公释放了，并带他一起到楚国去。

何有于君

管仲病危的时候，桓公去慰问他，说道：

"仲父假使离弃寡人，可以让竖刁掌管政权吗？"

管仲回答说：

"不可以。竖刁自己阉割以求得君上的任用，他连自己的身体都忍心伤害，对于君上还有什么不忍心做的？"

"既然这样，那么易牙可以吗？"桓公又问。

管仲回答道：

"易牙解剖自己的幼子烹调给君上吃，他连自己的儿子都忍心杀死，对于君上还有什么不忍心做的？如果重用他们，一定会被诸侯们笑。"

管仲死后，桓公还是亲近小人，终于在竖刁、易牙擅权作乱中被活活饿死，死了六十天，尸体腐烂生虫，虫都爬出门外，还没有人替他收尸。

不出此门

韩昭侯大兴土木，修建宫殿的高门。屈宜咎说：

"昭侯走不出这个高门。"

"为什么呢？"有人问。

屈宜咎说：

"不合时宜。我所说的不合时宜，并不是指良时吉日。人都有顺利和不顺利的时候，昭侯曾经很顺利，那时候却不造高门。前年秦国攻陷我们的宜阳，去年又遇到大旱灾，人民闹饥荒，不在这时候怜恤人民的灾难，反而更加奢侈浪费。所谓福无双至，祸不单行，这句话将应在昭侯身上。"

等到高门筑成，昭侯也死了，居然没走出这个高门。

将亡拒谏

石益告诉孙伯说：

"吴国快要完了，你也知道吗？"

孙伯说：

"你现在才知道，太晚了。我怎么不知道呢？"

"既然早就知道，你为什么不进谏？"石益说。

孙伯说：

"从前夏桀加罪于劝谏的人；商纣焚烧圣人，挖出王子比干的心；袁氏的太太纺丝的时候失去了头绪，侍妾好意告诉她，她竟恼羞成怒，把侍妾赶出门。注定要灭亡的人怎么会承认自己的过失呢？"

报怨以德

齐桓公将要讨伐山戎和孤竹国，派人到鲁国请求援助。鲁君召集群臣来讨论，都说：

"军队跋涉几十里路，深入蛮夷地方，一定回不来。"

于是鲁国口头答应助齐，却没派出军队。

齐国讨伐了山戎和孤竹国后，想转移部队攻打鲁国。管仲说：

"不可以这样做。诸侯还没有亲附，现今又讨伐远地，要是一回来就诛讨近邻，邻国更不会亲附。这不是迈向霸王的方法。君上所得的山戎宝器，是中国少见的，何不进献一些到鲁国周公的庙呢？"

桓公就分一些山戎的宝器进献到鲁国周公的庙。

第二年，齐国起兵讨伐莒国。鲁国下令所有的男子都要助齐出征，连五尺（约九十厘米）高的小孩也都到齐。

孔子说"圣人转变灾祸为幸福，拿恩德报复仇怨"，说的就是这个故事。

先绝贡物

商汤想讨伐夏桀，伊尹说：

"请先断绝对夏朝的贡物，再看看他的反应。"

夏桀因为商汤的怠慢而大怒，调遣九夷的军队来讨伐他。伊尹说：

"我们还不能跟夏桀针锋相对。他能调动九夷的军队，就表示罪过在我们这一边。"

于是商汤就向夏桀谢罪，请求降服，再度献纳贡物。

第二年，商汤又不献纳贡物。夏桀又大怒，想调动九夷的军队，九夷的军队却不听他调遣了。伊尹说：

"可以伐桀了。"

商汤就兴兵讨伐夏桀，终于把他流放到南巢。

独见精当

武王伐纣，军队经过山间窄道时，就把两岸挖崩；渡过河流，就把舟船摧毁；通过山谷，就把桥梁拆掉；走过山地，就把蒺藜烧光；这是向军队暗示自己百折不回的决心。到了有戎，通过一条山道时，突起一阵暴风把军旗吹断了。散宜生劝谏说：

"这大概是上天示妖孽来警告我们吧！"

"不是，这是上天派兵下来帮助我们。"武王说。

暴风停止了，接着又下了一场大雨，水流遍地，不利行军。散宜生又劝谏说：

"这大概是上天示妖孽来警告我们吧！"

"不是，这是上天洒下兵士来协助我们。"武王说。

武王的臣属们以火灼龟占卜吉凶的时候，火熄灭了。散宜生又劝谏说：

"这大概是上天示妖孽来警告我们吧！"

"依照目前的状况，不利于祷告神明以求福，而利于激励士气以杀敌，这是火熄的意思。"武王说。

武王顺应天理，冒犯三种不吉祥的妖孽现象，终能在牧野一战擒杀纣王，这是因为他对事理见解独到且精当啊！

一时之权

晋文公和楚人战于城濮。文公向咎犯请教谋略，咎犯回答说：

"服从正义的国君，认为信用不值得称述；能征惯战的国君，认为诈伪不值得讲究。楚王能征善战，对他运用诈术好了。"

文公又向雍季请教，雍季回答说：

"焚烧森林来打猎，获得的野兽虽多，第二年就不能再有了；将水泽弄干再捕鱼，得到的鱼虽多，第二年也不能再有了。诈伪虽可苟且得大利，可是以后不再有好的酬报。"

晋人终于跟楚军交战，打了个大胜仗。到了奖赏战功时，先赏雍季而后赏咎犯。侍从人员说：

"城濮之战，用的是咎犯的谋略啊！"

文公说：

"雍季的话，是百世长久的策略；咎犯的话，只是一时权宜的措施，我已经照办了，却有点后悔。"

善解预兆

城濮之战前，文公告诉咎犯说：

"我要占卜战事的吉凶，灼龟时火却熄灭；我们面冲着岁星，他们背着岁星；扫帚星出现，他们握着帚柄，我们捧着末梢；我又梦见跟楚王打架，他在上面，我被压在下面。有这么多不吉利的事，我不想打这个仗了。你认为怎样？"

咎犯回答说：

"占卜战事的吉凶，灼龟时火却熄灭，表示楚人注定被消灭。我们面冲着岁星，他们背着岁星，表示他们逃亡而我们追赶。扫帚星出现，他们握着帚柄，我们捧着末梢，要是挥军横扫的话，那么就对他们有利；要是奇兵突击的话，那么就对我们有利。君上梦见跟楚王打架，他在上面，君上被压在下面，那就是君上仰望苍天而楚王俯伏请罪。况且我们以宋、卫两国为主力，又有齐、秦两国的辅助，我们顺合天道不说，就是单靠人事，本来也会打胜仗的。"

文公听从咎犯的话，坚定了信心，终于大败楚人。

利去凶至

越国闹饥荒，勾践大为恐慌。四水进谏说：

"饥荒，是越国的幸福而吴国的灾祸呀！吴国非常富足而财物有余，他们的国君爱好虚名而不考虑后患。假使我们用谦卑的言辞和优厚的礼物去向吴国请求购买谷类，吴国一定会卖给我们，一旦卖给我们，那么吴国就可以攻取了。"

越王采纳四水的建议，向吴购买谷类。吴国将答应越国的请求，伍子胥却进谏说：

"不可以这样做。吴、越是土地相接的邻国，道路互相衔接，向来是仇恨交战的国家，最后不是吴占领越国，就是越国占领吴。那中原的齐、晋大国，绝不可能越过三江五湖来吞并吴、越的。现在不如趁着越国闹饥荒的良机攻打它，这也就是我先王阖庐所以称霸的缘故啊！况且那饥荒是什么呢？那就像深渊一样，是无法满足的。吃败仗的事情，哪一国能保证没有呢？君王如果不趁此良机而攻击，反而把他们想买的米输送过去，那么吉利就会跟着失去而凶年也就降临，到时候弄得财物缺乏而百姓怨恨，再后悔就来不及了。"

吴王说：

"我听说讲道义的军队不去制服仁人，也就是说不趁着人家饥饿求助时攻打他。即使能得到十个越国，我也不愿意做那种不义的事。"

吴国终于把越国要买的米输送过去。三年以后，吴国也闹饥荒，向越国请求买米粮，越王不但不给，反而乘机攻击，终于攻破了吴国。

一举三俱

赵简子派成何、涉他和卫灵公在郫泽会盟。灵公刚要歃血（以血涂口旁以示信）为盟，成何、涉他却掐住灵公的手，用力压进牛血里，沾得满手血腥腥。灵公很愤怒，想要背叛赵国。王孙商说：

"君上想要背叛赵国，不如跟百姓一起厌恶赵国。"

"怎么做呢？"卫灵公问。

王孙商回答说：

"请您命令我向全国通告说：'家中有姑姊妹女的，每家要送一位到赵国当人质。'这样百姓一定会埋怨，君上就可以借机背叛赵国了。"

"很好！"灵公说。

这个通告下达三天后，就来个连续五天的紧迫征召人质，使得全国人民都在里巷中哭泣。灵公于是召集国内大夫们商量说：

"赵国残暴无道，背叛它好吗？"

"好的！"大夫们都赞成。

于是灵公下令把通往赵国的东门关闭，只准出入西门。

赵王听到卫灵公因会盟而受辱，以至于率领国人背叛赵国的经过，就逮捕涉他而处以死刑，并派人向卫国谢罪。成何溜得快，逃奔到燕国去了。

子贡批评道：

"那王孙商可以说善于谋划了。憎恨人而能害他，有祸患而能设法解决，想利用百姓就能使他们归附，一举而三事都完成，可以说善于谋划了。"

难得易失

郑桓公到郑地去朝见天子，接受封地，晚上投宿在宋国东境的旅馆。有位老人从外头进来，看到他的排场，问道：

"客人要到哪儿去？"

"到郑地去朝见天子，接受封地。"

老人说：

"我听说时间难以掌握而容易流逝。如今客人在这里悠闲地过夜，恐怕不是去接受封地吧！"

郑桓公听了，赶紧拉起缰绳，自己就要驾车走，害得仆人捞起刚洗好的米匆匆上了车。

郑桓公继续赶了十天十夜的车，才赶到郑地，竟发现另一个贵卿厘何也同时到达，想来跟他抢封地呢！

至公第十四

延陵季子

吴王寿梦有四个儿子，大的名叫谒，其次叫余祭，再次叫夷昧，最小的叫季札。季札号称延陵季子，最是贤能，哥哥们也都佩服他。吴王寿梦去世时，大哥谒想把王位让给季子，季子却始终不肯接受。谒就立了一个约定：

"季子贤能，一定要把王位传给季子，吴国才可以兴盛。"

于是从谒以后就采用兄终弟及的传位方式，兄弟们一个接一个当吴王。他们吃饭的时候一定祈祷说：

"让我早一点死，好把王位快点传到季子。"

夷昧死的时候，该传给季子了。季子正好出使外国，不在国内。庶母所生的兄长僚说：

"我也是哥哥呀！"

于是僚就自立为王，作威作福起来。季子回国后，仍旧事奉吴王僚，一点也不在意。谒的儿子光愤愤不平地说：

"按照我父亲的意思，那么王位应当归属季子。按照传统的继承法，那么我是嫡长子，应该继立为君。那个僚凭什么当国君呢？"

光就派专诸把吴王僚刺杀了，然后要把王位让给季子，季子说：

"你杀掉我的国君，如果我接受你给予的王位，那么我就变成跟你同谋篡位了。你杀了我哥哥，我要是又杀你，那就会导致兄弟父子相杀，永没个完了的时候。"

季子终于住到封地延陵去，终生不再进入吴国。

妄想禅让

秦始皇既已吞并天下，就召集群臣们讨论，说：

"古时候的五帝把帝位禅让给贤能的人，三代圣王却把王位传给子孙。弄清哪一种正确，我就照着实行。"

参加会议的有七十位博士，都没人敢回答。后来鲍白令之鼓起勇气说：

"如果把天下看成是公有的，那么禅让给贤人就对了；如果把天下当作是私家的，那么传位给子孙就对了。五帝把天下看成是公有的，所以禅让给贤人；三代圣王把天下当作是私家的，所以传位给子孙。"

秦始皇帝仰首对天而叹，说道：

"我的道德远承自五帝，我要公天下。什么人可以继承我位而君临天下呢？"

"陛下走的是桀纣的路子，想模仿五帝的禅让，不是陛下办得到的。"鲍白令之说。

"令之！到前面来！你为什么骂我走的是桀纣的路子？赶快解释清楚，说不出道理就是死路一条。"秦始皇很生气地说。

令之回答道：

"请听我解释一下。陛下建筑的楼台高耸云霄，宫殿绵亘五里，造千石重的钟，万石重的钟架，宫中美女数百，乐人戏子近千人，又兴造骊山宫室，延伸到雍州，连续不断。陛下自己所享受的，真是耗尽天下人民的财力物力，所作所为驳杂不正，自私自利，不能够推己及人。陛下正是所谓专为自己打算、以自我为中心的君王，怎么还有资格去和五帝的德行媲美，还梦想公天下呢？"

始皇听得垂头丧气，答不出话来，脸色很难看，好久好久才哼出声来说：

"令之的话，竟然叫大家看不起我。"

于是就停止这种打算，再没有禅让的意思了。

楚弓楚得

楚共王出去打猎的时候，遗失了他的弓。左右侍从官要去寻找，共王说：

"不要了。楚人遗失的弓，被楚人捡到，又何必找它呢？"

孔子听到这回事，批评道：

"可惜他的胸襟还不够大，只要说'有人遗失弓，有人捡到它'就够了，何必局限在一个'楚'字呢！"

固辞荐贤

楚国的令尹虞丘子向庄王报告说：

"我听说敬重公事、奉行法令，可以得到荣誉；才能肤浅、德行轻薄，不要妄想高位；没有仁智的美名，不要追求显赫的荣耀；不是自己能力所及的，不要占住那个位置。我做令尹已经十年了，并没把国家治理得更好，诉讼案件不曾中断，有才学的隐士没有受到提拔，淫乱残暴的人没有加以诛讨。我长久占据高位，只是坐领干薪，光吃饭而不做事，贪财纵欲，不知满足，阻挡了群贤升迁的路子。我的罪状，早就应当交付法庭审判。为了赎罪，我私自挑选出一位国内的才俊之士来接替我的职位。他是个乡下人，叫作孙叔敖，长得清秀瘦弱而多才多艺，性情淡泊而没有欲望。君上如果能提拔他，把国政交给他，那么国家一定可以治理得很好，士民也会归附。"

庄王说：

"由于你的帮助，寡人才能在中原争长，命令通达荒远的地域，终能称霸于诸侯。这不是你的功劳会是谁的？"

虞丘子说：

"长久占据高官厚禄，就是贪婪；不推荐贤能的人使他们显达，就是诬罔；不把高位让出来，就是不廉。有三样中任一样的行为，就是不忠。我身为人臣而不忠，君王为什么又认为我是忠臣呢？我还是坚决地请求辞职。"

庄王答应了，就赐给虞丘子三百户的采地（封邑），尊称他为"国老"。

孙叔敖被任命为令尹后没多久，虞丘子的家人犯了法，就被孙叔敖抓去处死刑。虞丘子赶紧进宫去见庄王，说道：

"我说孙叔敖可以掌理国事，果然可以掌理国政。他奉行国法而不偏私，执行刑罚而不枉曲，真可称得上公平。"

庄王说：

"这都是你的贡献啊！"

韩厥不党

赵宣子向晋侯推荐韩献子说:

"他的为人不会阿比结党,治理军队有条不紊,面临生死关头不会恐慌。"

晋侯因此任命韩献子为中军的指挥官。

晋军后来与秦军在河曲发生遭遇战,赵宣子的座车乱了阵势,韩献子就把赵宣子的车夫抓来抵罪而处以死刑。大家都说:

"韩献子这下死定了。上司早上刚推荐他,到傍晚他就反过来处死上司的车夫,这样子谁忍受得了?"

战后,赵宣子请大夫们喝酒。敬过三次酒后,宣子说:

"诸位应该祝贺我。"

"不知要贺什么?"众人问。

宣子说:"我推荐韩献子给国君,如果推荐错了,必定要连带受罪的。今天我的座车乱了阵势,韩厥就把车夫处死,一点也不阿比偏私。我推荐的很得当。"

众人再拜稽首说:

"不仅晋国正享受您带来的福气,连祖先唐叔也有依赖了,我们哪敢不再拜稽首呢?"

为公荐仇

晋文公向咎犯请教说:

"可以派谁去当西河太守?"

"虞子羔可以。"咎犯回答。

"他不是你的仇人吗？"文公问。

"君上是问可当太守的人，不是问我的仇人。"

事后虞子羔去拜见咎犯，向他道谢说：

"很荣幸蒙您宽恕我的罪过，把我推荐给国君，使我能够当西河的太守。"

咎犯说：

"推荐你是公事，怨恨你是私事，我不因私事而妨害公事。你该走了，要不然我就要射杀你。"

子文至公

楚令尹子文的族人有犯法的，法官下令逮捕他，后来听说犯人是令尹的族人，法官就把他释放了。子文知道后，把法官叫来，责备他说：

"国家所以要设立法官，就是要处置触犯王令和侦探违背国法的情事。一个正直的人在办理法律案件时，有时很温柔，但不会挠曲；有时很强硬，但不会武断。现在你背弃法令而释放犯法的人，就是执法不正直、居心不公平。难道是我平日有营谋私利的念头吗？为什么法官遇到我就不依照法令办案呢！我当令尹而领导士民，士民有时候还抱怨我不能使他们免于法律的制裁。如今我的族人犯了法，众人皆知，要是法官为了讨我欢心而释放他，这样就等于向国人宣布我向来办事不公正。掌握一国的权柄，却以私心著称，与其活着而不合正道，我倒不如死掉算了。"

随后令尹子文派人把族人押到法官那里，吩咐道：

"要是不依法施刑，我将以自杀来向国人谢罪。"

法官害怕了，终于把令尹的族人处死。

楚成王听到这件事，连鞋子都没穿，就赶紧跑到子文的家里，向他慰问道：

"寡人年纪小不懂事，任用的法官不妥当，以致违逆了您的心意。"

于是楚王就贬退法官而尊重子文，把内政也交给他掌管。国人知道了这件事，都说：

"像令尹这样的公正，我们还担心什么呢？"

于是楚国人作了一首歌，大家高高兴兴地唱着：

"子文族人，

"犯罪不轻。

"法官饶他，

"子文不听。

"顾念民情，

"方正公平。"

法官逃难

子羔在卫国当法官时，遇到内乱，许多不法分子想抓捕他。子羔想要逃出城去，但是慢了一步，外城门已经被封闭。他正在城门前着急的时候，有个人撑着拐杖跨到他身边问道：

"大法官要出城吗？"

子羔抬头一看，吓得冒冷汗，吞吞吐吐地说：

"没……没什么！"

原来那个人的一双脚已被砍断，是子羔主审判决的受刑者，后来被发落在此守城门。危急时偏偏撞上这一道门，真是阴错阳差。追兵已到，完了！子羔想。

断脚汉迅速地举起右手腋窝下的笨重的拐杖向前挥。

"要逃就快点！那边有个缺口。"断脚汉说。

子羔顺着拐杖的指向，果然看到用竹篱遮蔽的缺口。但是子羔却说：

"君子不跳墙，即使生命危险。"

"不然这边有个洞。"

"君子更不愿意钻狗洞！"子羔摇摇头。

"大法官，请问我这个断脚的，到底算不算人？"

"谢谢你的开导！谁能否定你呢？是不是人，就在自我的肯定。不过，我也要坚持作为君子的原则。"子羔回答。

"既然我还算是个人，就请大法官到人住的房子里面避一避风头吧！"断脚汉边说边蹦跳向城墙的缺口处，把遮蔽缺口的竹篱笆打落在地。

子羔眼看追兵快到，只好紧跟上断脚汉迅捷的跳跃，走进城门左侧的矮屋里。

那些暴乱分子追到外城门，看看守城门的是个断脚汉，就相信了他的话，一个一个匆匆忙忙从缺口追出去。断脚汉就坐在城墙脚数着他们的人数。枯候了一顿饭的时间，天色也暗了，那些暴乱分子才一个一个又爬进城来，一个也不少。

断脚汉这时才进屋去，催促子羔赶快出城。子羔却说：

"我还是没路可走啊！城门已经关了。"

"让我慢慢打开城门欢送您吧！刚才情势急迫，即使送您出去，恐怕也会被抓到。"断脚汉说。

"我亲自判你的罪，砍掉你的双脚。如今我在逃难中撞在你的手里，正是你报仇的良机，为什么反而帮我逃命呢？"

"根据现行的国法，断脚本来是我应得的惩罚，那是没办法的事。您在审判我的时候，曾经反反复复探究法令，想要让我免受刑罚，这一点我是听人家说的。当刑案审讯终结，罪罚论定的时候，我看到法官您的脸色很忧愁。我的脚虽然丢了，您的心情却填补了我的缺陷。您难道是特别对我好吗？不是的，那是您天生一副悲天悯人的心肠自自然然流露出来的。这是我帮你逃过追兵的原因。"断脚汉轻轻松松地说，好像被砍脚的不是他自己。

后来孔子听到这件事，就说：

"会做官的人树立恩德，不会做官的人就会树立仇恨。子羔能够秉公处理案件，更有一副仁慈的心肠，真是会做官呀！"

指武第十五

不明武道

　　王孙厉对楚文王说：

　　"徐偃王喜好施行仁义之道，汉水以东三十二诸侯国都对他心悦诚服了！大王如果不讨伐，楚国恐怕就得臣服于徐国。"

　　文王说：

　　"假如徐偃王真正是有道之君，就不可讨伐。"

　　王孙厉说：

　　"大国伐小国，强国伐弱国，就像大鱼吞小鱼，老虎吃小猪，怎么有行不通的道理？"

　　文王于是兴师伐徐，摧残了徐国。

　　徐偃王将死的时候，叹息道：

　　"我依赖文德而不整饬武备，喜欢施行仁义之道而不知敌人奸诈的心机，以致落到国亡的地步。"

　　古代的王者，所以成其为王者，除了讲求文德仁义外，大概都讲求武备，有防人之心吧！

登高言志

　　孔子到鲁国北部游览，从东边登上农山，子路、子贡和颜渊跟在身边。孔子长叹一口气说：

"登上高处眺望，使人感慨万端。你们且谈谈各自的抱负，让我听听吧！"

子路抢先说：

"我希望遇到用明月般白色羽毛和太阳般赤色羽毛装饰的雄壮三军，那钟鼓的声音洪亮得可以上达霄汉，旌旗飘扬飞舞，笼罩地面。我如果率领军队攻击这样装备精良的敌军，一定可以节节胜利，扩地千里。这种事唯有我办得到，他们两位只好委屈点当我的跟班。"

"是敢作敢为的勇士呢？还是忿恨不平的人呢？"孔子笑笑说。

子贡接着说道：

"当齐楚会战于辽阔的原野，两军壁垒相当，旌旗相互对峙，兵马掀起的尘埃弥漫天地、短兵相接、血肉横飞时，我愿穿着白上衣，戴着白帽子，在白刃之间陈述道理，化解两国的战祸。这样的事唯有我办得通，他们两位只好委屈点当我的跟班。"

"是能言善辩的辩士呢？还是轻举妄动的人呢？"孔子笑笑说。

颜渊在旁默默不语。

孔子说：

"颜回呀！过来！怎么只有你不谈抱负呢？"

颜渊说：

"文武两方面的事情，都被他们包办了，我哪里敢加入呢？"

"你不屑于那些事吧！虽然不愿加入，也勉强谈谈。"孔子说。

颜渊说：

"我听说鲍鱼（腌鱼）和兰芷（二香草名）不可以藏在同一个箱子里，尧舜和桀纣不能治理同一个国家。他们两位所说的和我的志愿完全两样，怎么能相提并论呢？我愿找个明王圣主来辅助他，使得城郭不必修筑，沟池不用挖掘。我要熔化剑戟等兵器而铸成农具，使天下千年没有战争的祸患。如果这样的话，子路又何必忿恨不平地出兵攻击呢？子贡又何必轻举妄动地挺身游说呢？"

"是优游自在的美德呢？还是雍容华贵的人呢？"孔子说，连连点头。

子路举手问道：

"我们愿意听听老师的高见。"

孔子说："我所希望的，正是颜回的抱负。我乐意背着衣箱，跟随这个姓颜的孩子。"

武王伐纣

武王将伐纣，召见太公望而问道：

"我想还没交战前就知道必可得胜，不必占卜就知道一定吉利，更想驱使外国的百姓。有办法做到这些吗？"

太公回答说：

"有办法的。大王如果能赢得众人的心，而后去讨伐无道之君，那么不用交战就知道必可得胜了；以贤明去讨伐不肖的敌人，那么不用占卜就知道一定吉利了；对方残害百姓，我们造福百姓，那么即使不是我们自己的百姓，也能够驱使了。"

武王说：

"真是好办法！"

武王又召见周公而问道：

"议论天下事的人，都认为殷纣是天子，周国是诸侯，以诸侯攻天子，有办法战胜吗？"

周公回答说：

"殷纣真的是天子，周国真的是诸侯，那么就没有打胜仗的希望了，怎么还能攻伐呢？"

"你这话有道理吗？"武王很生气地责问。

"我听说：攻伐政治上轨道的国家叫作贼，攻伐行事合义理的国家叫作残；失去统御人民力量的就叫作匹夫。大王所攻伐的是失去人民拥戴的匹夫，哪里是攻伐天子呢？"

武王说：

"说得好！"

于是武王就动员民众和军队讨伐殷纣，大战于牧野，彻底击败殷人。

周武王进入朝歌，登上庙堂，看见很多宝玉，问道：

"这是谁的宝玉呢？"

"是诸侯们的宝玉。"左右的人回答。

武王就叫人把宝玉归还给诸侯们。

天下人知道了，都说：

"武王并不贪恋财物呀！"

武王进入宫室，看见许多美女，问道：

"这些是谁的女儿呢？"

"是诸侯们的女儿。"左右的人回答。

武王就派人把美女送还给诸侯们。

天下人听到了，都说：

"武王并不贪恋美色呀！"

接着武王又分散巨桥粮仓的米粟和鹿台积存的财物金钱给士兵和百姓们。

既得天下民心，武王班师回镐京后，就废掉战车不再奔驰，放弃战袍、武器不再使用，将马放到华山，把牛放到桃林，表示不再动用武力。

天下人听到了，都说：

"武王能够行义于天下，怎么不伟大呢？"

宣言为民

周文王想讨伐崇国，先发表文告说：

"我听说崇侯虎，蔑视父执、侮辱兄长，不尊敬年老的人，审理讼案不公正，分配财物不平均，百姓即使竭尽劳力仍得不到衣食。我来征讨他，只是为百姓着想。讨伐崇国时，绝对不许杀人，不许毁坏房屋，不得堵塞水井，不可砍伐树木，不能动用六畜。如有不遵守命令的，处以死刑，绝不赦免。"

崇人听到这番宣言，不久也就降服了。

列阵待袭

楚庄王伐陈，吴国派兵来救，正好遇到接连十日十夜的大雨。这一天天刚放晴，楚国左史倚相就说：

"吴军今晚一定来偷袭。我军的铠甲、阵势、堡垒都已损坏，对方一定会轻视我们。何不重整行列、摆好阵势、击着战鼓等待他们？"

吴国军队来到楚国营地，看见楚军已摆好阵势，就退回去了。

"追上去。"左史倚相说。

吴军白走了六十里，没偷袭成功，回到营地后，吴王已疲惫不堪，士兵也都蒙头大睡。

楚王听从左史的建议，随后率军进击，终于大败吴军。

少进服敌

吴王阖庐与楚人战于柏举，打了大胜仗，一直打到楚都郢城的郊外，节节胜利，凡五次大败楚人。阖庐手下有五位将军却进谏说：

"这么深入而迅速地侵占人家国土，对大王是不利的。大王还是班师回朝吧！"

阖庐不听劝谏。这五位将军表示要砍头尸谏，阖庐还是无动于衷。等到五位将军的头真的坠落在马前，阖庐才害怕起来，赶紧召见伍子胥，向他请教。子胥说：

"那五位将军连日杀得害怕了，那些遭到五次大败的敌人一定更加害怕。大王姑且稍微推进一点，不必那么急迫。"

吴王终于攻进郢城。一时间，南到长江，北到方城，方圆三千里地，都臣服于吴国。

倾覆则诛

孔子做鲁司寇才七天，就在宫阙下诛杀了少正卯。学生们听到了都跑来看孔子。来的人虽不说话，但心里的疑虑却是相同的。

子贡最后到，一来就赶紧走上前说：

"那少正卯是鲁国出名的知识分子，老师刚有机会从政，就先诛杀他，为什么呢？"

孔子说：

"赐啊！这不是你能了解的。王者要诛杀的人有五类，而强盗小偷却不在这里头：第一种是内心明辨事理，却阴险恶毒的人；第二种是说话虚伪，却富有辩才的人；第三种是行为邪僻，却坚毅不拔的人；第四种是志气愚劣，知识却广博的人；第五种是既讨好坏蛋，又好施恩泽的人。这五种人都是拥有富于思辨、知识丰富、聪明颖悟、明达事理的名气，却不是真正的知识分子。如果让他们大行其虚伪之道，那么他们的智慧足以鼓动群众，他们的强悍也足以叛国自立，这是奸人中的枭雄，不可不诛杀。有了这五种情形中的一种，就不能免于诛杀。如今少正卯兼有这五种恶行，所以先杀了他。

"古时商汤诛杀蠋沐，姜太公诛杀潘阯，管仲诛杀史附里，郑子产诛杀邓析，这五位圣贤没有不诛杀败类的。所以要诛杀，并不是因为那些人在大白天杀人抢劫，在晚上穿壁逾墙，而是因为他们都是导致国家倾覆灭亡的败类呀！这样的诛杀当然会引起君子的疑虑不安，也会使得愚人迷惑不解。"

不言而知

齐人王满生求见周公，周公到门外接见他，问道：

"先生远道而来，不以为屈辱，可有什么指教吗？"

王满生说：

"谈重要的事情在里面，谈普通的事情就在外面。现在您要谈重要的事情呢？还是要谈普通的事情？"

周公请他进入内室。王满生说：

"遵命！"

室内虽然铺着座席，周公却没请他坐。王满生说：

"要讨论大事的话，就要坐下谈；只讨论小事，站在您旁边就可以了。现在您要谈大事呢？还是要谈小事？"

周公引导他入座。王满生坐好后，周公就问：

"先生有何指教？"

王满生说：

"我听说圣人不必向他说话就能领悟，如果不是圣人，即使说了也不明白。现在要我说出来呢？还是不用说？"

周公低头想了一会儿，未答。王满生拿起笔在木板上写道：

"国家将危险，已压到胸前。"

周公抬起头来看了这些字，说道：

"是的！是的！我懂得您的指教了。"

周公下定决心，第二天就亲自率军诛讨管叔和蔡叔。

谈丛第十六

迁居更鸣

斑鸠遇到一只匆匆忙忙的猫头鹰，就拦住它，问道：

"你要到哪儿去？"

"我要迁居到东方去。"猫头鹰长叹一声说。

"为什么呢？"斑鸠问。

"村里的人都讨厌我的叫声，所以要搬到东方去。"猫头鹰说得无限委屈。

斑鸠说：

"你能够改变叫声才好搬家呀！要是不能改变叫声，迁到东方去，东方人照样讨厌你。"

杂言第十七

君子道狭

子石登上吴山，向四面眺望了一会儿，长叹一声，说：

"哎呀，真是可悲呵！世上尽有一些是通情达理，却不能迎合主人心意的，也有迎合主人心意，却不通情达理的。"

"这怎么讲呢？"他的学生问。

子石说：

"从前吴王夫差不听伍子胥忠心耿耿的劝谏，反而赐他死罪，挖掉两目；而太宰嚭、公孙雒二人为求容身，一味逢迎，顺着夫差的心意征伐越国，结果二人沉身于江湖，脑袋被悬挂在越国的旗杆上。古时费仲、恶来革、长鼻决耳和崇侯虎，顺着纣王荒淫无度的心理，一味迎合他的意旨，等到武王伐纣时，这四个人终于死在牧野，头脚都分了家；而比干因为忠心耿耿，早就被纣王剖出心肝而死了。如今我想要通达情理，却怕惹来挖眼睛剖心肝的灾难；想要迎合人主的心意，又怕遭到头脚分家的祸患。由此看来，做个君子可以走的路太狭窄了，如果遇不到圣明的君王，在这狭隘的路子中，又将危险闭塞得走不动。"

爱憎之变

当弥子瑕受卫灵公宠爱时，卫国有一条法律规定：偷驾国君的车子，要判砍脚的罪。弥子瑕的母亲生病，有人连夜进宫报告，弥子瑕就擅自驾了国君的车子回家探望。国君知道后，赞美他说：

"真是孝子啊！为了母亲的缘故，宁愿冒犯被砍脚的罪。"

有一次卫灵公到果园散步，弥子瑕摘了个桃子吃，觉得很甘甜，就把吃剩的送给灵公吃。灵公说：

"爱我爱到舍不得独自享受。"

可是，等到弥子瑕老朽了，姿色难看了，失去灵公的宠爱时，一旦得罪了灵公，灵公就说：

"这个家伙以前擅自驾我的车到处乱跑，又把吃剩的桃子塞进我的嘴。"

其实弥子瑕的行为未必和以前的不同，而起先处处被赞美，后来动辄得咎，只因为人家爱憎的心情不同罢了。

有时有势

孔子说：

"自季孙氏赐给我千钟的俸禄以后，朋友们就和我更加亲密；自南宫敬叔让我坐他的车以后，我的理想抱负更容易被接受。原来理想抱负有了时机才会被人看重，有了权势才能被人接受！要是没有他们两位的赐予，我的理想抱负几乎被人漠视掉！"

众人不识

淳于髡对孟子说：

"把功名利禄摆在前头的人，只是为别人而做事；把功名利禄摆在后头的人，才是为了实践自己的理想。先生位在三卿之中，却什么功名利禄也不曾得着就离开了。仁者本来就这样吗？"

孟子说：

"虽然地位卑贱，也不愿以自己的才干去侍奉不贤的人，那是伯夷；五次投靠夏桀，五次投靠商汤的，那是伊尹；不厌恶昏君，不因官小而不做的，那是柳下惠。这三位圣贤走的途径不一样，却是迈向同一个目标。这同一的目标是什么呢？总是个'仁'字罢了。君子但求一个'仁'字罢了，做法又何必一样呢？"

淳于髡又说：

"当鲁穆公的时候，公仪休执政，子思、子庚为臣，鲁国却更加贫弱。贤能之士对国家竟然没什么帮助吗？"

孟子回答道：

"以前虞国不用百里奚以致亡国，秦穆公用了百里奚却霸天下。就连不用贤才都注定要亡国，何止是贫弱呢？"

淳于髡又说：

"以前王豹住在淇水，河西的人受他的影响，都很会吟唱；绵驹住在高唐，齐国右边的人也都善于高歌；华舟、杞梁的妻子因为痛哭丈夫的壮烈牺牲，感动了天地，一国的风俗都跟着改变。有了真实的内涵，一定会表现在行事上。那种只耕耘而没收获的事儿，我淳于髡从来没见过。所以说现在根本没有贤能的人，要是有的话，我一定看得出来。"

孟子回答道：

"孔子当鲁司寇而不受重用。有一次参加祭典，连祭肉也不分给他，于是孔子连帽子也来不及脱，便去官离国。不满意他的人以为他是为了吃不到那一小块祭肉，跟他要好的人以为他是争一个'礼'字，而实际上孔子却是借这小处的不合礼而离开，不愿意在大事故的时候草率去职而让国君蒙羞。由此可见：君子的所作所为，本来就不是一般人所能了解的。你又怎能看得出呢？"

何能相梁

听说梁国宰相死了，惠施喜滋滋地动身到梁国去。他上船渡河时，匆匆忙忙地竟掉到水里，好在被划船的人救起来。船夫问他说：

"先生匆匆忙忙地要到哪儿去呢？"

"梁国没有宰相，我要去当梁国的宰相。"惠施回答。

"你连上船都这样莽撞，弄得全身湿，怎么能当梁国的宰相呢？要是没有我，你已经死定了。"船夫哈哈大笑。

"你成天在船上工作，这方面我当然赶不上你：至于安定国家，保全社稷，你跟我比起来，却像一条蒙昧无知还没开眼的狗罢了。"惠施说。

适子所能

西闾过要到东方去，上船渡河的时候，掉进水里，差点淹死。船夫把他拉上来，问道：

"你要到哪儿去呢？"

西闾过说：

"要到东方去游说诸侯君王。"

船夫掩住口失声笑道："你连渡河都掉进水里，差点淹死，像这样差劲，又怎能游说诸侯呢？"

西闾过说：

"不要拿你所懂的来损人。你难道没听说过吗？那和氏璧价值千金，但拿来做纺织的梭子，却不如砖瓦的管用；隋侯珠是国宝，但用它来做弹丸，却不如泥丸的管用；骐骥、骡驹拉车载物，一日奔驰千里，这是天下最快的速度了，但是叫它去捉老鼠，还不如价值百钱的狸猫；干将、莫邪是天下的名剑，挥舞起来削铁如泥，最是锐利的了，但是拿来当补鞋的工具，却不如两个钱买来的锥子称心。如今你操着桨楫，驾着小船，成天在浩瀚的江流里，冒犯澎湃的波浪，这恰好是你的能耐所在罢了。如果让你去游说东方的诸侯，面对一国的君王，你那蒙昧无知的样子，就跟还没开眼的小狗没什么两样了。"

非命自取

鲁哀公问孔子说：

"有智慧的人会长寿吗？"

孔子说：

"当然会。人们有三种死法，都非关命运，而是人们自己找死的。凡是不按时睡觉休息，饮食没有节制，逸乐或劳累过度的，死于疾病；为人部属却忤逆上司，穷奢极欲，一味追求而不知自足的，死于刑杀；以少数侵犯多数，以弱者欺凌强者，忿怒而不自量力的，死于刀兵之下。这三种死法，都非关命运，而是自己找来的。《诗》上说：‘人如果不懂得节制，哪有不枉死的呢？’说的正是这个道理。"

时不我遇

孔子在陈、蔡之间遇难，住的是破落的房子，坐的是粗糙的草席，七天没米吃，连野菜羹都没米屑可掺。跟从的学生们都面有饥色，他还是不停地要求学生读诗书、研究礼仪。子路忍不住就进谏说：

"做好事的人天便降福给他，做坏事的天便降祸来报应。如今老师积德行、做好事已很久了，却遭到这样的灾难，或者老师有什么我们不知道的过失行为吗？不然为什么会落到这个地步呢！"

孔子说："由啊！过来，你不了解的。坐下吧！我告诉你。你认为聪明人就无所不知吗？那么王子比干怎么会被解剖心肝而死？你认为劝谏的人就必定被听信吗？那伍子胥何以落得被挖下眼睛挂在吴国的东门？你认为廉洁的人一定被人重用吗？那伯夷、叔齐又为什么会饿死在首阳山下？你认为一片忠心的人一定被人重用吗？那么鲍庄为什么会干瘦而死？荆公子高为什么终生被埋没？鲍焦为什么抱着树木而干枯？介之推又怎么会跑到绵山活活被烧死？所以说学问好、眼光远的君子，得不到机运的太多了，哪里会只有我一个呢？贤能与否是个人的才分，做不做是个人自己的处世态度，受不受人重用是机运的问题，死生又是个人命里注定的。具备才学而得不到机运，任他有通天的才干，也没法施展。

如果能得到机运，要施展抱负又有什么困难呢？所以舜耕于历山，又流落到河边捕鱼，终于被立为天子，那是遇到帝尧啊！傅说担土筑墙，终能辅佐天子，那是遇到武丁！伊尹本是有莘氏陪嫁的臣仆，背着锅鼎砧板，烹调五味，终于辅佐天子，那是遇到成汤！吕望五十岁还在棘津卖零食，七十岁还在朝歌杀牛，到了九十岁才当了天子的老师，那是遇到周文王！管夷吾被绑着，蒙着眼睛打进囚车里，却从囚车中被提升为仲父，那是遇到齐桓公！百里奚把自己卖了五张羊皮，当人家奴隶，替人牧羊，却做到卿大夫，那是遇到秦穆公！沈尹声望满天下，位居令尹，还能让位给孙叔敖，那是遇到楚庄王！伍子胥起初多功勋，最后却惨遭杀害，并不是他的智慧不如从前，而是原先遇到阖庐，后头遇到夫差！

"唉！千里马拖着盐车，遭到困厄折磨，并不是它没有千里马的骨架，而是世人不能赏识它；如果千里马遇到王良、造父这般善于相马御马的人，哪里会使不出日驰千里的脚力呢？芝兰生长在深林，并不因为没人欣赏而不芳香。所以说读书人并不是为着要显达才读书，而是读了书才知道祸福的微妙而心不迷惑，在贫穷时能够不困顿，在忧患中能够不颓丧！圣人的心思深远而独知独见，正是这个样子。舜也是圣贤，能够位极天子，南面而治天下，只因为被帝尧赏识。如果让舜处于夏桀、殷纣的时代，能够自免于刑戮就不错了，又怎能当上什么官来施政呢？那夏桀杀关龙逄而殷纣杀王子比干，在那个时候，难道说关龙逄无知而比干无慧吗？这是桀纣无道的时代使得他们遭殃呀！所以君子只应该赶紧读书、修养身心、端正品行罢了，其他的就要等待机运。"

以歌止戈

孔子要到宋国去，经过卫的匡邑。匡简子早就想杀阳虎，而孔子的相貌正像他，结果被误认了。匡简子不加查证，就派军队包围孔子住的屋子。子路很愤怒，拿起戟来，要冲出去拼命。孔子阻止他，说道：

"讲究仁义的人，怎么也这样不能免于世俗的冲动呢？不读《诗》《书》，不研究《礼》《乐》，是我的过错。如果是相貌像阳虎，就不是我的罪过了，因此而罹难，也是命中注定的吧！由啊！你唱歌，我来和。"

子路拉开大嗓子高歌，孔子和着唱，才唱了三遍，军队就解围而去。

至圣之士

子夏问孔子说：

"颜渊的为人怎么样？"

"颜回的信实超过我。"孔子回答。

子夏又问：

"那子贡的为人又怎么样呢？"

"端木赐的敏捷超过我。"孔子回答。

子夏又问：

"子路的为人又怎么样呢？"

"仲由的勇敢超过我。"孔子回答。

子夏又问：

"那子张的为人怎么样？"

"那颛孙师的庄重超过我。"孔子回答。

于是子夏离开座位而请教道：

"既然这样，这四个人为什么还要追随老师呢？"

孔子说：

"坐下吧！我告诉你。颜回能够信实而不能变通，端木赐能够敏捷而不能谦逊，仲由能够勇敢而不能畏惧，颛孙师能够庄重而不能和同。即使兼备这四位的长处，我还不乐意呢！所谓至圣的知识分子，一定是懂得或进或退的便利和屈伸自如的效用的呀！"

来者不止

东郭子惠向子贡探问道：

"孔夫子的学生成分为什么那样庞杂呢？"

子贡说：

"矫正器的旁边一定堆积很多歪曲的木头，好医生的门庭必然聚集很多病人，磨刀石的四周总是摆很多顽劣钝锈的刀器。我的老师研习正道，以等待天下人的请教，来学的人络绎不绝，所以就庞杂了。《诗》上说：'那茂密的柳树丛，蝉声嘒嘒；那深深的溪谷边，多的是莞苇。'这是说能广大、自然就无所不容。"

疾之难行

孔子说：

"一天到晚动不动就挨揍的小孩子，不会听从父亲的教诲，

老是被刑罚诛戮所威胁恐吓的人民，不会服从君主的政令。这是
说要求得越急迫，越是行不通，越达不到预期的效果。所以君子
不急着裁断事理，也不随便任性指使，以免成为祸乱的根源。"

大水比德

子贡问道：

"君子见了大水，一定仔细观赏它，是什么道理呢？"

孔子说：

"那水，君子是拿它来比拟道德的。它普遍施予而不存私心，
像德泽；所流到的地方都能长养万物，似仁心；水流一定趋向低
处，而或曲或直也都依照理路，像义方；浅的能够流行遥远，深
的又不可测知，像智慧；奔向百仞的深谷而毫不犹疑，像勇武；
看来绵弱，却能慢慢通达，像明察；接受污浊而不推辞，像包容；
不洁净的流进来，流出去的却已洁净，像善于化育；水量再大，
也一定平坦，像公正；即使满盈，也用不着概木（平斗斛之木），
像度量；经过万般的阻碍，也必定往东流，像意志。君子见了大水，
一定仔细观赏它，就是有取于这些吧！"

乐水乐山

"那智者为什么喜欢水呢？"

"水奔流澎湃，日夜不停，像毅力坚强的人；按照理路而流，
不漏掉任何小地方，像操守公正的人；总是向低洼处流动，好像
有礼的人：奔赴千仞深的溪谷而毫不犹疑，很像勇武的人；遇到

阻碍而能澄清自己，好像看透天命的人；不洁净的流进来，流出去的却已洁净，好像很会化育的人；一般人都拿它做品评万物的标准，万物得着它便能活，失去它便会死，好像是有德的人；清澄而深沉，深到不可测知，好像明澈的圣人。那水在天地间化润万物，无所不至，国家就靠着它而成长。这就是聪明人喜欢水的缘故呀！《诗》上说：'在泮水上玩乐哪！一边采摘莼菜；那鲁侯流连不去，也在泮水上饮酒取乐。'这里所描述的就是喜欢水呀！"

"那仁者为什么喜欢山呢？"

"那山既高峻杰出，又连绵不绝，是万民观赏仰望的对象。山上草莽丛生，众木矗立，飞禽聚集，走兽栖息，珍宝矿石蕴藏在里头，奇人异士隐居在上面。那山培育万物而不倦怠，供给四方的摘取而无止境，又能兴起风云，使天地气息流通，国家也就靠着它而成长。这就是仁爱的人喜欢山的缘故！《诗》上说：'泰山那样险峻，正是鲁侯常常瞻仰的。'这里所描述的就是喜欢山了。"

辨物第十八

禳灾益寿

　　齐景公命人建筑一座供露天寝卧的高台，筑好后却不使用。柏常骞说：

　　"当初营建时赶得那么急，现在完工了，君上为什么反而不使用它呢？"

　　景公说：

　　"说的也是。不过，枭鸟接连好几天都在那里叫，叫得那么凄厉，不会是没有征兆的，我觉得很不是滋味，所以就搁着不用。"

　　"请让我来禳祭一番，把枭鸟除掉吧！"柏常骞说。

　　"要用些什么东西呢？"景公问。

　　"搭座新房子，盖上白茅草。"柏常骞说。

　　景公派人照样准备了。柏常骞就在夜里行法事，禳解灾殃。第二天，柏常骞问景公说：

　　"昨晚还听到枭叫吗？"

　　"只听得叫了一声，就没再听到。"景公说。

　　景公派人去高台察看，只见一只枭鸟张开翅膀，趴伏在石阶上死了。

　　景公说：

　　"你的法术这样灵验，也能替我添寿吗？"

"能够的。"柏常骞回答。

"能添多长的寿命呢？"

"天子九年，诸侯七年，大夫五年。"柏常骞回答。

"会有征兆显现出来吗？"

"祈求而得寿的话，地会震动。"柏常骞回答。

景公高兴极了，下令百官赶紧供应柏常骞要用的东西。

这一天，柏常骞盛装出门，正要去施展他的添寿法术，在路上却遇到晏子。被晏子一瞧，柏常骞慌忙下拜在晏子的马前，报告道：

"我替国君禳除灾殃，杀了枭鸟，国君认为我的法术高明，进一步要我替他添寿。现在我就要去主持大祭典，为国君祈求添寿，所以特别来向您报告这件事。"

晏子说：

"嘻！真是好事，能够为国君延年益寿。好事是好事，但是我却听说唯有政令和道德能够顺应神明的，才有办法添寿。如今只靠着大祭就可以添寿吗？那么得了寿有什么征兆呢？"

"祈求而得寿的话，地会震动。"柏常骞沾沾自喜地说。

晏子说：

"柏常骞！昨晚我观察天象，看那北斗七星中，斗杓后的三颗星散开了，第一颗天枢星也离开了本来位置，可见地要震动了。你就是要利用这个现象骗骗国君吗？"

柏常骞趴伏在地上不敢动，过了好一会儿，才抬头说：

"是的。"

晏子说：

"祈求添寿的大祭做了没什么好处，不做也没什么害处。

不过，你要是做了，还得借机会让国君明白减轻赋税、不浪费民力的道理呀！"

与神共忧

齐国大旱的时候，景公召集群臣讨论说：

"天不下雨已很久，人民快要挨饿了。我派人占卜，说是高山广水的鬼神在作祟。我想一面减轻赋税，一面祭祀灵山，你们认为好吗？"

群臣都没说话，唯独晏子走上前说道：

"不可以，祭祀没好处的。那灵山本来就是以石为躯体，以草木为毛发。天老不下雨，毛发将烧焦，躯体也将发热，难道就不希望下雨吗？祭祀是没好处的。"

"不然的话，我来祭祀河伯好了。"景公说。

晏子说：

"不可以，祭祀河伯也没好处。那河伯以水为国家，以鱼鳖为人民。天老不下雨，水位将低落，百川会枯竭，那么国家就要亡掉，人民也将难存，难道河伯用不着雨水吗？祭祀河伯也是没用的。"

"那么该怎么办呢？"景公问。

"君上要是能离开宫殿，暴露在郊野，和灵山河伯共忧患，也许侥幸能下场雨吧！"晏子说。

于是景公真的到郊外巡视，曝晒了三天，露宿了三夜，第四天下了一阵大雨，把他淋得湿湿的，而人民也都能够播种了。景公愉快地说道："真好呀！晏子的话能够不采用吗？他最善于辅助我的道德呀！"

吾善承教

齐桓公北征孤竹国，才到卑耳溪前十里的地方，就突然停下来，瞪着眼睛注视了片刻，手拿起弓箭想发射，却又放下来。待会儿，桓公长叹一口气，说道：

"这次出征恐怕不能成功吧！我刚看到有个尺来高的人，穿戴得整整齐齐的，就像个做大官的人，左手拉着衣襟，打从我的马前跑过去。"

管仲说：

"征伐事一定会成功的。这个人就是知晓先机的神。在您的马前跑，就是在领路前驱；左手拉起衣襟，大概是告诉您前方将有水，要从左边渡。"

桓公的远征军就拐向左前方前进，走了十里，果然有条河流，叫作辽水。于是就在那儿测量深度。打从左方渡，水才到足踝；打从右方渡，水竟淹没过膝盖。渡过辽水以后，果然一战而征服了孤竹国。桓公在管仲的马前下拜说：

"仲父的圣知竟到这种境界，我怠慢您太久了。"

管仲说：

"我听说圣人的先知是能预见于无形。如今已经有了形象我才推知，我只是善于承受您的教命罢了，称不上圣知呀！"

虢公梦神

虢公梦见自己在一座庙里，看到一尊人面白毛、虎爪执斧的神直挺挺地站在西面墙角。虢公恐惧得转身就要跑，那一尊神说：

"不要跑！天帝将派晋兵偷袭你的城门。"

虢公不觉跪伏在地上，向神叩头拜谢。

虢公醒来后，就召史嚚来解梦。史嚚说：

"要是像君上所描述的，那就是金神蓐收了。他是上天专掌惩罚的神，天帝安排的事情，由他来显灵。"

虢公听了很不高兴，下令把史嚚打进监牢，并且叫国人来祝贺他得到好梦，想借此来破解。

舟之侨向族人说：

"虢国没多少时间了，我现在看出了端倪。国君梦到大国将来偷袭，不好好计虑，反而要人庆贺，又何补于事呢？我听说：大国无道，小国去攻击它，叫作服；小国轻慢，大国去攻击它，叫作诛。人民讨厌国君的骄奢，于是才有逆命的事发生。如今反而叫人贺噩梦，骄奢也就更为显著，这样上天就要收回警戒而加深人民的厌恶了。人民既讨厌国君的骄奢，上天又来诳骗他。等到大国来讨伐，才仓促下令迎战。试想，同宗的国家既看不起他，其他的国家又背弃了自己，里里外外也没有亲近的人，有谁肯来救他呢？我不忍看这场面，我要搬家了。"

舟之侨就把全族人都迁到晋国去。过了三年，虢国真的就被消灭了。

石头讲话

晋平公筑虒祁宫，所用的石头竟然有一块说出人话来。这个消息传到平公耳里，平公很惊奇，就向师旷请教说：

"石头为什么会讲话呢？"

师旷回答道：

"石头本身不会讲话，一定是有神灵附着它，要不然就是人们听得不真实。我听说：在不适当的时间劳役百姓，百姓就会滋生怨恨，那么本来不会讲话的东西也要讲话了。如今宫殿建造得这样豪华高大，民力疲困竭尽，百姓痛苦怨恨，简直活不下去，那么石头讲讲话，岂不是也应该吗？"

兴妖自贼

晋平公外出打猎，看到一只乳虎伏在地上不敢动，便回过头高高兴兴地跟师旷（瞎眼的乐师）说：

"我听说凡是成霸业的英主出现，猛兽遇到了就伏地不敢动。今天寡人出来，看到乳虎伏地而不动。这只乳虎算不算是猛兽呢？"

师旷说：

"鹊鸟吃刺猬，刺猬吃锦鸡，锦鸡吃豹，豹吃驳，驳吃老虎。驳的样子就像驳马。今天大王出来打猎，一定是用驳马拉车吧！"

"是呀！"平公回答。

师旷继续说：

"我听说第一次妄自尊大的已接近穷途末路，再次妄自尊大的将遭到羞辱，第三次妄自尊大的死期就到了。如今那乳虎所以伏地不动，原因是怕驳马，并不是君上的仁义道德震慑了它，君上为什么要妄自尊大呢？"

有一天平公上朝的时候，有只鸟绕着平公飞旋不去，平公沾沾自喜地回头又跟师旷说：

"我听说凡是成霸业的英主出现，凤鸟就会降临。今天上朝时有只鸟绕着寡人飞旋，终朝不离开。这只鸟大概就是凤鸟吧！"

师旷说：

"东方有一种叫作谏珂的鸟，那种鸟全身都是文采而红脚，它的习性是讨厌其他的鸟类而爱狐。今天君上一定是穿着狐裘上朝的吧！"

"是呀！"平公低声回答。

师旷说：

"我已经说过了，第一次妄自尊大的已接近穷途末路，再次妄自尊大的将遭到羞辱，第三次妄自尊大的死期就到了。如今那只鸟是为了狐裘才飞旋不去，并不是君上的仁义道德吸引了它。君上为什么要再度妄自尊大呢？"

平公被浇了冷水，很不高兴。过了几天，就在虒祁宫摆列酒席，先叫郎中马章在阶上布满蒺藜，然后再派人召见师旷。师旷来了后，穿着鞋子就要走上大殿。平公说：

"怎么有人臣穿鞋子登上君主殿堂的呢？"

师旷只得脱下鞋子来，赤脚走路。他既然看不见路，当然被刺得鲜血淋漓，哇哇大叫。他向平公伏地跪拜时，膝盖又被刺了，连手掌也遭殃。

师旷抬起头来向着天空长声叹气，热泪滚滚而下。平公亲自扶他起来，说道：

"现在只不过跟老先生开个玩笑，怎么就这样子忧伤呢？"

师旷颤颤抖抖地说：

"我是忧伤那肉自己生了虫，回头虫还是要吃肉的；木料自己生了蠹鱼，回头蠹鱼还是要蛀木料的；人自己造了妖孽，回头妖孽还是要害人的。大夫盛放牛羊的五鼎不应该放藜藿野菜，人主的堂庙不应该生蒺藜野草呀！"

"那现在该怎么办呢？"平公紧张地问。

师旷说：

"妖孽已经在眼前，没法子防备了。到了下个月的八日，您得整饬百官，立太子，君上将死了。"

到了下一个月的八日，平公安然无恙地向师旷说：

"老头儿以今天为期限，你看寡人现在怎么样？"

师旷忧伤凄恻地向平公一再拜谢，告别而归。师旷才回去没多久，平公活生生的就死了。从此人们才知道那师旷真是神明！

翟国之妖

赵简子问翟封荼说：

"我听说翟国下了三天的谷子，是真的吗？"

"是真的！"翟封荼回答。

"又听说连下了三天的血雨，是真的吗？"简子问。

"是真的！"翟封荼回答。

"又听说马生牛，牛生马，是真的吗？"简子又问。

"真有这一回事。"翟封荼回答。

简子说：

"真可怕呵！这些妖孽的出现，足以使国家败亡了。"

翟封荼说：

"连下三天的谷子，是龙卷风卷起飘来的；下了三天的血雨，那是凶猛的鸟在天上打架的关系；马生牛，牛生马，那是混杂着放牧的关系。这些都算不得是翟国的妖孽。"

"那么怎样才算是翟国的妖孽呢？"简子问。

翟封荼回答道：

"这个国家的人民一再迁徙；国君年幼懦弱；朝里的卿相大臣与大夫们互相贿赂勾搭，结成私党以窃占官爵厚禄；百官们又专横独断，使百姓无处诉苦；颁布的政令不能贯彻实施，中途屡次变卦；一般士人淫巧贪婪而多怨恨。这些才是翟国的妖孽。"

起死回生

扁鹊去拜访赵王的时候，正巧王太子得急症死了。扁鹊来到宫门前，说道：

"我听说贵国忙着料理埋葬的事，难道有突发的变故吗？"

赵王的中庶子里有个喜欢研究方技医术的人回答他说：

"是的，王太子患急症死了。"

"请你进去报告说医生秦越人能救活太子。"扁鹊说。

中庶子责问他道：

"传说上古有个良医叫作苗父，苗父在行医时，只要一床菅草做的席子和刍草扎的狗，向北方祷祝一番，念上十句咒语，那些扶着来的、抬着来的病患，都能够恢复健康。先生的医术能够这样神妙吗？"

"没办法。"扁鹊回答。

中庶子又责问道：

"据说中古有个良医叫作俞柎，他行医时能把脑髓搬出来洗，能结扎膏肓间的病根，能炊灼九窍（上窍是耳目口鼻，下窍是前阴后阴）而定经脉，终能叫死人复生，所以人称俞柎。先生的医术能够这样神妙吗？"

"不能够。"扁鹊回答。

中庶子笑道：

"那先生的医术就差劲了，那简直就像透过竹管子来看天，拿尖锥来量地。医学要了解的范围是那样的大，你所知道的又是这样有限，凭你的医术，只够来吓唬小孩吧？"

扁鹊说：

"话不能说得这样武断。人有时候在昏暗中抓起一块骨头也能掷中蛟头，蒙着眼睛也能辨别黑白。太子的疾病，就是所谓的'尸厥'（气闭而昏晕叫作厥）。要是不相信，你进去诊视，太子两股间会阴处应当还是温温的，耳中焦臭而且有鸣声似的。要是这样的话，还可救治。"

中庶子进去报告赵王。经过诊视后，赵王连鞋子都来不及穿，赤着脚就跑出门来，说道：

"先生老远光顾寡人这儿，太子要是侥幸得到先生的调治，那么本来就要埋葬的，又能在天地间重新做人了；要是先生不屑于医治，太子就只能像犬马一样填进沟壑里。"

赵王话没说完，泪水已经沾湿了衣襟。

扁鹊答应诊治太子的病。他首先叫人造一口开敞的大灶，把药汁煎熬得只剩一碗的八分；又准备砥针砺石，针砭太子的三阳五会各经脉；又叫学生子容捣药，由子明拿药粉吹进耳朵，阳仪施法术使太子苏醒。接着子越扶起太子的身体，由子游再施予快速的按摩。经过这番医治，太子终于活过来了。

天下人听到这个消息，都称赞扁鹊能使死人复活。扁鹊却谦辞道：

"我并不能使死人复活，只是使能活的人活而已，那真正死掉的人还是用药救不活的，就像那可悲的昏乱的国君已经没办法救治一样。《诗》上说：'老是推行残酷的政令，真是无药可救。'做得太过分，也就没办法挽救了。"

完山之鸟

孔子清晨站在厅堂里，听到有人哭得很悲伤。孔子拿起琴来弹，琴音也同样充满悲伤。孔子出门，听到弟子中有人在唉声叹气，就问道：

"是谁呀！"

"是我！"颜回应声作答。

"你为什么唉声叹气？"孔子问。

"我刚听到有人在哭，哭得好凄惨，不只是哭死去的人，还哭生离的人。"颜回答。

"你怎么知道呢？"孔子问。

"因为他哭的声音像完山的母鸟。"颜回说。

"怎么讲呢？"孔子问。

颜回说：

"我曾见过完山的一只母鸟，生了四只小鸟，这些小鸟的翅膀长成了，就要离开母鸟而分飞四海。母鸟哀叫着送走它们，叫声非常凄凉，为了这些小鸟再也不会回来。"

孔子派人去探问哭的人究竟为什么而悲伤。哭的人说：

"父亲死了，家里穷困，只好卖掉儿子来葬父，如今就要跟儿子分别了。"

孔子说：

"颜回真是个聪明人！"

君易为善

齐景公在梧丘打过猎后，在行馆休息。天还没黑，景公暂且坐着打盹，恍惚间梦见五个高大的男子，向北面对着景公的行馆，诉说他们无罪而被杀。景公醒来后，召见晏子，把这个梦告诉他，问道：

"我难道曾经杀过没有罪的人吗？"

晏子回答说：

"以前先君灵公在世时，有一回打猎，由五个高大的男子拉网围兽，却把野兽吓跑了。灵公把他们杀掉，砍下他们的脑袋，埋葬在一起，称为五丈夫之墓。君上梦见的大概就是这些人吧！"

景公派人挖掘那五人显灵的地方，果然看到有五个人头放在一起。景公说：

"唉！真可怜！叫官吏找块地方，好好埋葬吧！"

国人不知道景公做梦的事，都互相传颂说：

"我们国君连白骨都那样怜悯，何况是对活人呢？"

从此国人有力的出力，有才智的贡献才智，一点也不保留。

死徐自知

子贡向孔子请教道：

"人死后到底有没有知觉？"

孔子说：

"我要说人死后有知觉，恐怕一些孝顺的子孙就会成天担忧死去的亲长，而妨害了正常的生活；我要是说没有知觉，又恐怕不孝的子孙会遗弃死去的亲长而不埋葬。赐啊！你要知道人死后有知无知吗？等你死了慢慢便知道，那还不晚呀！"

田麻不知

楚国王子建奉派出守城父，和成公干在田中相遇。王子建指着田地问道：

"这是什么呢？"

"是田地呀！"成公干回答。

"田地做什么呢？"

"是用来种麻的。"

"种麻干什么？"

"用来制衣服呀！"

成公干摇摇头慨叹道：

"以前庄王伐陈，军队驻扎在有萧氏。庄王跟路旁的屋主说：'巷里的人不和善吧！不然为什么连水沟都不疏浚呢？'庄王还知道巷里的人不和善，以至于水沟不疏浚，而今你竟连田地可以种麻、麻可以制衣都不知道。我看你大概不能继承君位吧！"

后来王子建果然不能继位。

修文第十九

礼以御民

齐景公登上射坛主持射仪,晏子准备了应有的礼仪等着执行。景公说:

"选拔射手的繁文缛节,寡人已经厌烦透了。我只要选拔到好射手,得到天下勇士,和他共谋国事就得了,何必要这一套礼仪。"

晏子回答道:

"君子没有礼仪,就和一般百姓没两样了;一般百姓如果不知礼仪,就跟禽兽差不多。再说臣子勇力过人就能弑杀国君,子弟勇力过人就能弑杀长辈,他们之所以不敢那样做,只因为有礼仪的约束。礼仪是用来统治百姓的,就像拿缰绳来驾驭马匹一样。不用礼仪而能治好国家的,我还没听说过。"

景公说:"有道理。"

于是景公下令重新整饬射坛,并且更换席次,请晏子上座,整天向他请教礼仪。

三年之丧

小孩生下三年以后,才离得开父母的怀抱,先王制定三年的丧期(实际只二十七个月),为的是报答父母的恩惠。一年的丧服上达诸侯，三年的丧服却上达天子，这是礼法的常典。

子夏守过了三年的丧，去拜见孔子。孔子给他琴，叫他调调琴弦。子夏拿起琴，调好弦，顺手就弹起琴来，乐声悠扬。子夏边弹边说：

"先王制定的礼法，我不敢不照着办。"

孔子赞美道：

"真是君子啊！"

闵子骞守过了三年丧，也去拜见孔子。孔子照样给他琴，叫他调调琴弦。子骞拿起琴，调好弦，顺手就弹起琴来，那乐声悲切凄凉。子骞边弹边说：

"先王制定的礼法，我不敢超越。"

孔子赞美道：

"真是君子啊！

子贡前后都看到了，就问道：

"闵子骞哀伤还没完，老师说他是君子；子夏哀伤已完了，老师也说他是君子。我实在搞糊涂了，请问老师究竟是什么道理呢？"

孔子说：

"闵子骞哀伤还没完，却能拿礼法的规定为断，所以说是君子；子夏哀伤已完，却能引用礼法来修身，所以说是君子。那三年的丧期，原是使纯孝的人懂得节制哀伤，使孝心差的人能够勉强哀伤啊！"

为亲事君

齐宣王问田过说：

"我听说儒家的规制，父母死了要守丧三年，国君死了也是守丧三年。国君与父母到底哪个分量重些？"

"大概父母重些吧！"田过说。

宣王很生气地叫道：

"那么你们为什么要离开父母来侍奉我呢？"

田过说：

"没有君上的土地就没办法使我的父母安居，没有君上的俸禄就没办法奉养我的父母，没有君上的爵位就没办法显扬我的父母。从君上这里得到的好处，统统归之于父母。凡是侍奉国君的，总是为了父母啊！"

宣王听了，闷闷不乐，一时也没办法反驳他。

死不改义

韩褐子要渡河，在渡口操舟的船夫说：

"人们要从这儿过渡的，没有不先祭神祈求顺风的。先生不祭神吗？"

韩褐子说：

"天子祭海内的神祇，诸侯祭国境内的神祇，大夫祭远祖的庙，士人祭祖父母的庙。至于我，可没资格祭河神。"

船夫挥动桨楫，把船划进河里，船尽在漩涡里打转。船夫说：

"刚才我已经警告过了，先生偏不听我的话。如今船在漩涡中打转，非常危险，我看你还是把衣服扎好，准备下水玩玩吧！"

韩褐子说：

"我才不会为了人家讨厌我而改变我的本意，不会为了我将死而改变我的做法。"

韩褐子的话还没说完，船只就漂漂荡荡滑行起来。

韩褐子又说：

"《诗》上说：'茂盛的葛藟，枝条到处蔓延；快乐的君子，为了求福而勇往直前。'连鬼神都不回头，何况是人呢？"

君子之礼

公孟子高向颛孙子莫请教道：

"请问君子的礼仪究竟如何呢？"

颛孙子莫说：

"去掉外表的刚强以及内心的怯懦，不要被外界的物欲引诱，能够戒除这三样就得了。"

公孟不能理解，再去请教曾子。曾子听了这番话，惊异了一会儿，慢吞吞地说道：

"讲得真好呀！外表刚强的，内心必然怯懦，容易被外界物欲引诱的，必然被人役使。所以君子有了美好的德行，却显得好像一无所知；记闻广博，却不与人争论；计虑深远，却是一副愚笨的样子。"

礼有三仪

曾子病重的时候，孟仪去探望他。曾子说：

"鸟将死的时候，叫声一定很悲凉；君子将死的时候，讲的话一定很顺耳。礼有三个标准，你知道吗？"

"不知道。"孟仪回答。

曾子说：

"你坐下来，我告诉你。君子修习礼仪以立志，就能除去贪欲的心理；君子念念不忘礼仪以修身，就不至于有怠惰傲慢的行为；君子修习礼仪以行仁义，就不会有愤懑暴乱的言辞。至于怎么样摆列俎、豆等祭祀的器皿，这是管理祭典的人该办的事，君子即使不懂这些也不要紧。"

反质第二十

不欲为机

卫国有五个大汉，每人都背着一只瓦罐，爬进井里装满水，再爬出来灌溉韭菜园。他们一天忙到晚，只浇了一亩地。邓析经过那里，下车教他们说：

"我教你们造一部前轻后重的桥机来汲水吧！这样同样的忙一天，就可以浇百亩地，况且也不会累。"

那五个大汉说：

"我们老师说：专门发明一些巧妙的机械，终要败亡在这些所发明的机械上。我们并不是不懂得制作桥机，只是不愿做罢了。请你走开吧！我们要专心灌溉，不想改变。"

邓析离开他们后，步行了几十里路，脸色渐渐不对劲，竟然生起病来。邓析的学生们说：

"究竟是什么人竟敢得罪老师，请让我们替老师报仇吧！"

"算了吧！那些人就是所谓的真人，该请他们出来治理国家呢！"

国之大宝

经侯去拜访魏太子，左边佩着玉石镶就的宝剑，右边佩着玉环。左边的宝光照耀到右边，右边的也照亮了左边。坐了一会儿，太子不但不看那些宝物，连问也不问一声。经侯忍不住问道：

"魏国也有宝物吗？"

"当然有呀！"太子说。

"是什么宝物呢？"经侯问。

太子说：

"国君诚信，臣下尽忠，百姓都爱戴君上，这就是魏国的宝物。"

"我问的不是这个意思，我问的是器物罢了。"经侯说。

太子回答道：

"我们有国宝的。徒师沼治理魏国，市场上没有囤积居奇的商人。郊辛治阳时，道路上的失物没人捡拾。芒卯在朝为相时，四邻的贤士都纷纷来求见。这三位大夫就是魏国的大宝。"

经侯半晌说不出话来，默默解下左边的宝剑和右边的玉佩，放在座位上，怅然若失地站起来，连告辞都没有，就快步走出，登上马车，长驱而去。

魏太子赶紧派专差骑着快马赶上经侯，把宝剑和玉佩还给他，并且要专差转告经侯说：

"我没有可当作宝物的美德，更不能守住这些珠玉。这些东西天冷了不能当衣服穿，肚子饿了不能当饭吃，不要留下来让我遭殃。"

经侯越想越不是滋味，从此闭门不出，不久也就闷死了。

火灾可贺

魏文侯私人的宝库失了火，文侯很难过，就穿着白色的衣服，避开正殿五天。群臣也都穿上了白色的衣服去慰问他，只有公子成父没去慰问。后来文侯一恢复正殿临朝，公子成父就抢先进去道贺说：

"烧得真好啊！那宝库的火灾。"

文侯板着脸，不高兴地说：

"那宝库是寡人藏宝物的地方，而今火灾，寡人素服避正殿，群臣也都素服来慰问，至于你，身为大夫却不来慰问。如今我回到正殿来，你却来道贺，这是什么意思？"

公子成父说：

"我听说天子的宝物藏于四海之内，诸侯的宝物藏于国境之内，大夫的宝物藏在他家里，士庶人的宝物藏在柜子里。如果藏的地方不得当，一定有天灾，一定有人祸。如今幸而无人祸，只是一场天灾罢了，不是该庆贺吗？"

文侯长叹一声，说：

"说得真好！"

躬亲去奢

齐桓公跟管仲说：

"我们的国家幅员小，物资缺乏，而群臣衣服车马偏又那样奢侈，我想下令禁止，你看怎样？"

管仲说：

"我听说：国君尝一下味道，臣子们跟着便整碗吃下；国君稍微表示喜欢，大臣们便一窝蜂流行。现在君上吃的是桂花调制的浆液，穿的是纯紫的大衣、狐狸皮的白裘。这就是群臣奢侈的原因。《诗》上说：'不亲身去践履，百姓不会相信。'君上想要禁止奢侈的恶习，何不由自己先做起呢？"

"很有道理。"桓公说。

于是桓公重新缝制纯白的衣服和纯白的帽子上朝。这样穿戴一年后，齐国臣民也都俭朴了。

以德华国

季文子为鲁国的宰相，侍妾不穿绢帛，马不喂粟稻。仲孙它劝他说：

"先生当鲁国的上卿，侍妾不穿绢帛，马不喂粟稻，人家都认为先生是吝啬，而且对国家来说也不够光彩。"

文子说：

"是这样吗？我看到国人的父母亲穿的是粗布衣，吃的是蔬菜，我怎么忍心呢？况且我听说君子凭着美德替国家增光彩，没听说凭着侍妾、马匹的。所谓德，是我自身有所得，又能使别人也有所得，所以到处行得通。如果迷恋于奢侈，沉溺于华靡而不能自拔，又如何能治国呢？"

仲孙它自讨没趣，惭愧地告辞走了。

未卜其夜

晏子请景公饮酒，喝到天黑时，景公叫人准备火烛。晏子推辞说：

"《诗》上说：'帽子倾侧，歪歪斜斜。'这是说酒醉失去了品德；'一再舞蹈，自制不了。'这是说酒醉失去了仪态。'已经喝醉了酒，又承受了美德'；'已经喝醉了就要趁早告退，主人和宾客都能享受到福祉。'这是说宾主之间的礼。'醉得扶都扶不回去，那是戕害德行的事。'这是宾主之间的过失。我请君上喝酒，只能占卜在白天的，没有能力也占卜晚上的。"

"好吧！"景公说。

景公端起酒来祭地，再拜而出，说道：

"晏子难道是责备我吗？我要把齐国托付给他！他借着家贫为由，这样委婉地劝寡人，不要我太过奢侈，何况是为寡人治国呢？"

裸葬矫俗

杨王孙病得快要死了，交代他的儿子说：

"我死后要裸体埋葬，以便恢复我的本真。千万不要改变我的意思。"

祁侯听到这话，便去劝他说：

"我听说你交代埋葬时一定要裸体入地，果真如此的话，我认为不妥当。如果死人没有知觉就算了，要是死后有知觉，这样做的话，尸体会在地下蒙羞的。你将怎么去会见祖先呢？我认为这样做不妥当。"

杨王孙说：

"我只是要借此来矫正世俗罢了。铺张的埋葬实在无益于死者，而世人却以此互相夸耀，浪费财物，耗尽金钱，让它在地下腐烂掉。其实有时今天下葬，明天就被偷挖出来，这跟暴尸荒野又有什么差别？况且死不过是一生终了的物化，是万物的归宿。归宿的有了处所，物化的起了转变，这样万物就各自回归其本真。

这种本真幽昧晦暗，看不到形体，听不到声音，这才合乎天道的情状。那些把外表装饰得富丽堂皇来向人夸耀，用铺张的葬礼来歪曲本真，使归宿的得不到处所，物化的不能转变，这样万物就各失其本然了。而且我听说：精神是上天的赋予，形骸是大地的赋予，精神和形骸相离而各归其本真，所以叫作鬼。鬼的意思就是归啊！尸体孤零零地躺在那儿，哪里会有知觉呢？拿很多的布帛包着它，拿很多的财宝送给它，明明是剥夺了活人的财用啊！古代的圣人顺应人们不忍心亲人死别的情感，所以制订了丧礼来疏导感情。如今人们大都超越了这个礼法，我才决定用裸葬来矫正它。以前帝尧的葬礼，也不过是挖空木头当棺椁，用葛藟捆扎而成。挖的墓穴，深不及水源，只求不使臭味上泄罢了。对于没有用的绝不增加，没有益处的绝不浪费，所以圣人在世时容易受人崇拜，死后也容易埋葬。而今浪费财物而厚葬，死人根本不知道，活人因而不得用，真是荒谬的举动，可说是糊涂到极点了。"

祁侯说：

"好！有道理。"

杨王孙死后，果然是赤身露体下葬的，颇轰动一时。

食美思亲

鲁国有个很节俭的人，拿瓦锅煮东西，吃得津津有味，自觉很甘美，便盛在土制的汤碗里端给孔子。孔子收下后，高兴得简直像得到了牛羊猪三牲俱全的馈赠。学生们说：

"瓦制的阔嘴碗是最粗劣的器皿，煮烂的东西也不是好吃的食物。老师怎么这样高兴呢？”

孔子说：

“我听说喜欢劝诫人的常想到自己的国君，吃到好食物的常思念到自己的亲人。我并不是认为食物很甘美，而是为了他吃到好东西就想起我的那一番心意而高兴。”

士不可穷

晏子病得快死的时候，叫人把一根屋柱锯断，将遗嘱藏在里头，并告诉妻子说：

“记得告诉我们的儿子，等他到了三十岁壮年的时候，打开这根柱子来看看。”

他的儿子到了三十岁的时候，拿出了屋柱中的遗嘱，只见遗嘱上这样写着：

“布帛不能让它破了，一破就不能绘上文采；牛马不能让它瘦了，一瘦就载不动重物；读书人志气不能沮丧，志气一旦沮丧就不能担当重任。穷吗？穷吗？老是叨唠着穷才是真穷！”

附录　原典精选

君道第一

都想要鱼

晏子没十有七年，景公饮诸大夫酒。公射出质，堂上唱善，若出一口。公作色太息，播弓矢。弦章入，公曰："章，自吾失晏子，于今十有七年，未尝闻吾过不善。今射出质而唱善者，若出一口。"弦章对曰："此诸臣之不肖也，知不足知君之善，勇不足以犯君之颜色。然而有一焉，臣闻之：君好之，则臣服之；君嗜之，则臣食之。夫尺蠖食黄，则其身黄，食苍则其身苍；君其犹有谄人言乎？"公曰："善。今日之言，章为君，我为臣。"是时海人入渔，公以五十乘赐弦章归，鱼乘塞涂。抚其御之手，曰："曩之唱善者，皆欲若鱼者也。昔者晏子辞赏以正君，故过失不掩；今诸臣谄谀以干利，故出质而唱善如出一口。今所辅于君，未见众而受若鱼，是反晏子之义而顺谄谀之欲也。"固辞鱼不受。君子曰：弦章之廉，乃晏子之遗训也。夫天之生人也，盖非以为君也；天之立君也，盖非以为位也。夫为人君行其私欲而不顾其人，是不承天意忘其位之所以宜事也，如此者，春秋不予能君而夷狄之。郑伯恶一人而兼弃其师，故有夷狄不君之辞。人主不以此自省，惟既以失实，心悉因知之，故曰："有国者不可以不学春秋。"此之谓也。

臣术第二

选任宰相

魏文侯且置相，召李克而问焉，曰："寡人将置相，置于季成子与翟触，我孰置而可？"李克曰："臣闻之，贱不谋贵，外不谋内，疏不谋亲，臣者疏贱，不敢闻命。"文侯曰："此国事也，愿与先生临事而勿辞。"李克曰："君不察故也，可知矣。贵视其所举，富视其所与，贫视其所不取，穷视其所不为。由此观之，可知矣。"文侯曰："先生出矣，寡人之相定矣。"李克出，过翟黄，翟黄问曰："吾闻君问相于先生，未知果孰为相？"李克曰："季成子为相。"翟黄作色不说曰："触失望于先生。"李克曰："子何遽失望于我？我于子之君也，岂与我比周而求大官哉？君问相于我，臣对曰：'君不察故也。贵视其所举，富视其所与，贫视其所不取，穷视其所不为，由此观之可知也。'君曰：'出矣，寡人之相定矣。'以是知季成子为相。"翟黄不说曰："触何遽不为相乎？西河之守，触所任也；计事内史，触所任也；王欲攻中山，吾进乐羊；无使治之臣，吾进先生；无使傅其子，吾进屈侯附。触何负于季成子？"李克曰："不如季成子。季成子食采千钟，什九居外一居中，是以东得卜子夏、田子方、段干木。彼其所举人主之师也，子之所举，人臣之才也。"翟黄逡然而惭曰："触失对于先生，请自修，然后学。"言未卒，而左右言季成子为相矣。于是翟黄默然变色内惭，不敢出，三月也。

社稷之臣

晏子侍于景公，朝寒请进热食，对曰："婴非君之厨养臣也，敢辞。"公曰："请进服裘。"对曰："婴非田泽之臣也，敢辞。"公曰："然，夫子于寡人奚为者也？"对曰："社稷之臣也。"公曰："何谓社稷之臣？"对曰："社稷之臣，能立社稷，辨上下之宜，使得其理；制百官之序，使得其宜；作为辞令，可分布于四方。"自是之后，君不以礼不见晏子也。

建本第三

挨打陷父

曾子芸瓜而误斩其根，曾皙怒，援大杖击之。曾子仆地，有顷苏，蹶然而起，进曰："曩者参得罪于大人，大人用力教参，得无疾乎？"退屏鼓琴而歌，欲令曾皙听其歌声，令知其平也。孔子闻之，告门人曰："参来勿内也！"曾子自以无罪，使人谢孔子，孔子曰："汝闻瞽叟有子名曰舜，舜之事父也，索而使之，未尝不在侧；求而杀之，未尝可得。小箠则待，大箠则走，以逃暴怒也。今子委身以待暴怒，立体而不去，杀身以陷父，不义不孝，孰是大乎？汝非天子之民邪？杀天子之民，罪奚如？"以曾子之材，又居孔子之门，有罪不自知处义，难乎！

炳烛之明

晋平公问于师旷曰："君年七十，欲学，恐已暮矣。"师旷曰："何不炳烛乎？"平公曰："安有为人臣而戏其君乎？"师旷曰："盲臣安敢戏其君乎？臣闻之，少而好学，如日出之阳；壮而好学，如日中之光；老而好学，如炳烛之明。炳烛之明，孰与昧行乎？"平公曰："善哉！"

立节第四

行难两全

楚有士申鸣者，在家而养其父，孝闻于楚国。王欲授之相，申鸣辞不受。其父曰："王欲相汝，汝何不受乎？"申鸣对曰："舍父之孝子而为王之忠臣，何也？"其父曰："使有禄于国，立义于庭，汝乐吾无忧矣。吾欲汝之相也。"申鸣曰："诺。"遂入朝，楚王因授之相。居三年，白公为乱，杀司马子期。申鸣将往死之，父止之曰："弃父而死，其可乎？"申鸣曰："闻夫仕者身归于君而禄归于亲，今既去子事君，得无死其难乎？"遂辞而往，因以兵围之，白公谓石乞曰："申鸣者，天下之勇士也，今以兵围我，吾为之奈何？"石乞曰："申鸣者，天下之孝子也。往劫其父以兵，申鸣闻之必来，因与之语。"白公曰："善。"则往取其父，持之以兵，告申鸣曰："子与吾，吾与子分楚国；子不与吾，子父则死矣。"申鸣流涕而应之曰："始吾父之孝子也，今吾君之忠臣也；吾闻之也，食其食者死其事，受其禄者毕其能；今吾已不得为父之孝子矣，乃君之忠臣也，吾何得以全身！"援枹鼓之，遂杀白公，其父亦死。王赏之金百斤，申鸣曰："食君之食，避君之难，非忠臣也；定君之国，杀臣之父，非孝子也。名不可两立，行不可两全也，如是而生，何面目立于天下。"遂自杀也。

贵德第五

不腐余财

孔子之楚，有渔者献鱼甚强，孔子不受，献鱼者曰："天暑远市卖之不售，思欲弃之，不若献之君子。"孔子再拜受，使弟子扫除将祭之。弟子曰："夫人将弃之，今吾子将祭之，何也？"孔子曰："吾闻之，务施而不腐余财者，圣人也，今受圣人之赐，可无祭乎？"

何必持剑

子路持剑，孔子问曰："由，安用此乎？"子路曰："善，古者固以善之；不善，古者固以自卫。"孔子曰："君子以忠为质，以仁为卫，不出环堵之内，而闻千里之外；不善以忠化寇，暴以仁围，何必持剑乎？"子路曰："由也请摄齐以事先生矣。"

复恩第六

食马赐酒

秦缪公尝出而亡其骏马，自往求之，见人已杀其马，方共食其肉，缪公谓曰："是吾骏马也。"诸人皆惧而起。缪公曰："吾闻食骏马肉不饮酒者，杀人。"即以次饮之酒，杀马者皆惭而去。居三年，晋攻秦缪公，围之。往时食马肉者相谓曰："可以出死报食马得酒之恩矣。"遂溃围。缪公卒得以解难，胜晋，获惠公以归。此德出而福反也。

美人绝缨

楚庄王赐群臣酒。日暮酒酣，灯烛灭，乃有人引美人之衣者，美人援绝其冠缨，告王曰："今者烛灭，有引妾衣者，妾援得其冠缨持之。趣火来上，视绝缨者。"王曰："赐人酒，使醉失礼，奈何欲显妇人之节而辱士乎？"乃命左右曰："今日与寡人饮，不绝冠缨者不欢。"群臣百有余人，皆绝去其冠缨。而上火，卒尽欢而罢。居三年，晋与楚战，有一臣常在前，五合五奋，首却敌，卒得胜之。庄王怪而问曰："寡人德薄，又未尝异子，子何故出死不疑如是？"对曰："臣当死，往者醉失礼，王隐忍不加诛也；臣终不敢以荫蔽之德而不显报王也，常愿肝脑涂地，用颈血湔敌久矣。臣乃夜绝缨者也。"遂斥晋军，楚得以强。此有阴德者必有阳报也。

政理第七

愚公之谷

齐桓公出猎，逐鹿而走入山谷之中，见一老公而问之曰："是为何谷？"对曰："为愚公之谷。"桓公曰："何故？"对曰："以臣名之。"桓公曰："今视公之仪状，非愚人也，何为以公名？"对曰："臣请陈之，臣故畜牸牛生子而大，卖之而买驹，少年曰：'牛不能生马。'遂持驹去。傍邻闻之，以臣为愚，故名此谷为愚公之谷。"桓公曰："公诚愚矣，夫何为而与之？"桓公遂归。明日朝，以告管仲。管仲正衿再拜曰："此夷吾之愚也。使尧在上，咎繇为理，安有取人之驹者乎？若有见暴如是叟者，又必不与也。公知狱讼之不正，故与之耳。请退而修政。"孔子曰："弟子记之，桓公，霸君也；管仲，贤佐也；犹有以智为愚者也，况不及桓公管仲者也。"

裂衣断带

景公好妇人而丈夫饰者，国人尽服之。公使吏禁之曰："女子而男子饰者，裂其衣，断其带。"裂衣断带相望而不止。晏子见公曰："寡人使吏禁女子而男子饰者，裂其衣，断其带，相望而不止者，何也？"对曰："君使服之于内而禁之于外，犹悬牛首于门而求买马肉也。公胡不使内勿服，则外莫敢为也。"公曰："善！"使内勿服，不旋月而国莫之服也。

尊贤第八

九九之术

齐桓公设庭燎，为士之欲造见者。期年而士不至。于是东野鄙人有以九九之术见者，桓公曰："九九何足以见乎？"鄙人对曰："臣非以九九为足以见也。臣闻主君设庭燎以待士，期年而士不至。夫士之所以不至者，君、天下贤君也；四方之士，皆自以论而不及君，故不至也。夫九九薄能耳，而君犹礼之，况贤于九九乎？夫太山不辞壤石，江海不逆小流，所以成大也。诗云：'先民有言，询于刍荛。'言博谋也。"桓公曰："善。"乃因礼之。期月，四方之士相携而并至。诗曰："自堂徂基，自羊徂牛。"言以内及外，以小及大也。

大夫拉车

晋文侯行地登隧，大夫皆扶之，随会不扶。文侯曰："会！夫为人臣而忍其君者，其罪奚如？"对曰："其罪重死。"文侯曰："何谓重死？"对曰："身死，妻子为戮焉。"随会曰："君奚独问为人臣忍其君者，而不问为人君而忍其臣者邪？"文侯曰："为人君而忍其臣者，其罪何如？"随会对曰："为人君而忍其臣者，智士不为谋，辩士不为言，仁士不为行，勇士不为死。"文侯援绥下车，辞诸大夫曰："寡人有腰髀之病，愿诸大夫勿罪也。"

正谏第九

螳螂捕蝉

吴王欲伐荆，告其左右曰："敢有谏者死。"舍人有少孺子者，欲谏不敢，则怀丸操弹游于后园，露沾其衣，如是者三旦。吴王曰："子来！何苦沾衣如此？"对曰："园中有树，其上有蝉，蝉高居悲鸣饮露，不知螳螂在其后也！螳螂委身曲附欲取蝉，而不顾知黄雀在其傍也！黄雀延颈欲啄螳螂，而不知弹丸在其下也！此三者皆务欲得其前利而不顾其后之有患也。"吴王曰："善哉！"乃罢其兵。

为君数罪

景公有马，其圉人杀之。公怒，援戈将自击之。晏子曰："此不知其罪而死。臣请为君数之，令知其罪而杀之。"公曰："诺。"晏子举戈而临之曰："汝为吾君养马而杀之，而罪当死；汝使吾君以马之故杀圉人，而罪又当死；汝使吾君以马故杀人，闻于四邻诸侯，汝罪又当死。"公曰："夫子释之！夫子释之！勿伤吾仁也。"

尔非吾君

景公正昼被发乘六马，御妇人以出正闺，刖跪击其马而反之，曰："尔非吾君也。"公惭而不朝。晏子睹裔敖而问曰："君何故不朝？"对曰："昔者君正昼被发乘六马，御妇人出正闺，刖跪击其马而反之曰：'尔非吾君也。'公惭而反，不果出，是以不朝。"晏子入见，公曰："昔者寡人有罪，被发乘六马以出正闺，刖跪击其马而反之，曰：'尔非吾君也。'寡人以天子大夫之赐，得率百姓以守宗庙，今见戮于刖跪以辱社稷，吾犹可以齐于诸侯乎？"晏子对曰："君无恶焉。臣闻之：下无直辞，上无隐君；民多讳言，君有骄行。古者明君在上，下有直辞；君上好善，民无讳言。今君有失行，而刖跪有直辞，是君之福也，故臣来庆。请赏之，以明君之好善；礼之，以明君之受谏。"公笑曰："可乎？"晏子曰："可。"于是令刖跪倍资无正，时朝无事。

敬慎第十

不为子起

田子方侍魏文侯坐，太子击趋而入见，宾客群臣皆起，田子方独不起，文侯有不说之色，太子亦然。田子方称曰："为子起欤？无如礼何！不为子起欤？无如罪何！请为子诵：楚恭王之为太子也，将出之云梦，遇大夫工尹，工尹遂趋避家人之门中，太子下车从之家人之门中曰：'子大夫何为其若是？吾闻之，敬其父者，不兼其子；兼其子者，不祥莫大焉。子大夫何为其若是？'工尹曰：'向吾望见子之面，今而后记子之心。审如此，汝将何之？'"文侯曰："善。"太子击前诵恭王之言，诵三遍而请习之。

甚忘忘身

鲁哀公问孔子曰："予闻忘之甚者，徙而忘其妻。有诸乎？"孔子对曰："此非忘之甚者也；忘之甚者忘其身。"哀公曰："可得闻与？"对曰："昔夏桀贵为天子，富有天下，不修禹之道，毁坏辟法，裂绝世祀，荒淫于乐，沉酗于酒，其臣有左师触龙者，谄谀不止；汤诛桀，左师触龙者身死，四支不同坛而居。此忘其身者也。"哀公愀然变色曰："善。"

善说第十一

独不拜赐

齐宣王出猎于社山，社山父老十三人相与劳王。王曰："父老苦矣！"谓左右赐父老田不租；父老皆拜，闾丘先生不拜。王曰："父老以为少耶？"谓左右复赐父老无徭役；父老皆拜，闾丘先生又不拜。王曰："拜者去，不拜者前。"曰："寡人今日来，观父老幸而劳之，故赐父老田不租；父老皆拜，先生独不拜，寡人自以为少，故赐父老无徭役；父老皆拜，先生又独不拜，寡人得无有过乎？"闾丘先生对曰："惟闻大王来游，所以为劳大王，望得寿于大王，望得富于大王，望得贵于大王。"王曰："天杀生有时，非寡人所得与也，无以寿先生；仓廪虽实，以备灾害，无以富先生；大官无缺，小官卑贱，无以贵先生。"闾丘先生对曰：

"此非人臣所敢望也。愿大王选良富家子有修行者以为吏，平其法度，如此臣少可以得寿焉；春秋冬夏，振之以时，无烦扰百姓，如是臣可少得以富焉；愿大王出令，令少者敬长，长者敬老，如是臣可少得以贵焉。今大王幸赐臣田不租，然则仓廪将虚也。赐臣无徭役，然则官府无使焉。此固非人臣之所敢望也。"齐王曰："善！愿请先生为相。"

鼎非周鼎

孝武皇帝时，汾阴得宝鼎而献之于甘泉宫。群臣贺，上寿曰："陛下得周鼎。"侍中虞丘寿王独曰："非周鼎。"上闻之，召而问曰："朕得周鼎，群臣皆以为周鼎，而寿王独以为非，何也？寿王有说则生，无说则死。"对曰："臣寿王安敢无说？臣闻夫周德始产于后稷，长于公刘，大于大王，成于文武，显于周公，德泽上洞天，下漏泉，无所不通，上天报应，鼎为周出，故名曰周鼎。今汉自高祖继周，亦昭德显行，布恩施惠，六合和同，至陛下之身愈盛，天瑞并至，征祥毕见。昔始皇帝亲出鼎于彭城而不能得。天昭有德，宝鼎自至，此天之所以予汉，乃汉鼎，非周鼎也。"上曰："善。"群臣皆称万岁。是日，赐虞丘寿王黄金十斤。

奉使第十二

橘化为枳

晏子将使荆，荆王闻之，谓左右曰："晏子贤人也，今方来，欲辱之，何以也？"左右对曰："为其来也，臣请缚一人过王而行。"于是荆王与晏子立语。有缚一人，过王而行。王曰："何为者也？"

对曰："齐人也。"王曰："何坐？"曰："坐盗。"王曰："齐人固盗乎？"晏子反顾之曰："江南有橘，齐王使人取之而树之于江北，生不为橘，乃为枳。所以然者何？其土地使之然也。今齐人居齐不盗，来之荆而盗，得无土地使之然乎？"荆王曰："吾欲伤子而反自中也。"

献鹄空笼

魏文侯使舍人毋择献鹄于齐侯。毋择行道失之，徒献空笼，见齐侯曰："寡君使臣毋择献鹄，道饥渴，臣出而饮食之，而鹄飞冲天，遂不复反。念思非无钱以买鹄也，恶有为其君使，轻易其弊者乎？念思非不能拔剑刎颈，腐肉暴骨于中野也，为吾君贵鹄而贱士也。念思非敢走陈、蔡之间也，恶绝两君之使。故不敢爱身逃死，来献空笼，唯主君斧质之诛。"齐侯大悦曰："寡人今者得兹言，三贤于鹄远矣。寡人有都郊地百里，愿献于大夫以为汤沐邑。"毋择对曰："恶有为其君使而轻易其弊，而利诸侯之地乎？"遂出不反。

权谋第十三

独见精当

武王伐纣，过隧斩岸，过水折舟，过谷发梁，过山焚莱，示民无返志也。至于有戎之隧，大风折旆。散宜生谏曰："此其妖欤？"武王曰："非也，天落兵也。"风霁而乘以大雨，水平地而啬。散宜生又谏曰："此其妖欤？"武王曰："非也，天洒兵也。"卜而龟熸。散宜生又谏曰："此其妖欤？"武王曰："不利以祷祠，利以击众，是燔之已。"故武王顺天地、犯三妖而禽纣于牧野，其所独见者精也。

难得易失

郑桓公东会封于郑，暮舍于宋东之逆旅。逆旅之叟从外来，曰："客将焉之？"曰："会封于郑。"逆旅之叟曰："吾闻之：时难得而易失也。今客之寝安，殆非封也。"郑桓公闻之，援辔自驾，其仆接淅而载之。行十日夜而至，厘何与之争封。故以郑桓公之贤，微逆旅之叟，几不会封也。

至公第十四

妄想禅让

秦始皇帝既吞天下，乃召群臣而议曰："古者五帝禅贤，三王世继；孰是，将为之。"博士七十人未对。鲍白令之对曰："天下官，则让贤是也；天下家，则世继是也。故五帝以天下为官，三王以天下为家。"秦始皇帝仰天而叹曰："吾德出于五帝，吾将官天下。谁可使代我后者？"鲍白令之对曰："陛下行桀纣之道，欲为五帝之禅，非陛下所能行也。"秦始皇帝大怒曰："令之前！若何以言我行桀纣之道也？趣说之，不解则死。"令之对曰："臣请说之。陛下筑台干云，宫殿五里，建千石之钟，万石之虡，妇女连百，倡优累千，兴作骊山宫室至雍，相继不绝；所以自奉者，殚天下，竭民力，偏驳自私，不能以及人。陛下所谓自营仅存之主也，何暇比德五帝，欲官天下哉？"始皇暗然无以应之，面有惭色；久之，曰："令之之言，乃令众丑我。"遂罢谋，无禅意也。

楚弓楚得

楚共王出猎而遗其弓，左右请求之，共王曰："止，楚人遗弓，楚人得之，又何求焉？"仲尼闻之，曰："惜乎其不大，亦曰：'人遗弓，人得之而已，何必楚也！'"仲尼所谓大公也。

法官逃难

子羔为卫政，刖人之足。卫之君臣乱，子羔走郭门，郭门闭，刖者守门，曰："于彼有缺。"子羔曰："君子不逾。"曰："于彼有窦。"子羔曰："君子不遂。"曰："于此有室。"子羔入，追者罢。子羔将去，谓刖者曰："吾不能亏损主之法令而亲刖子之足，吾在难中，此乃子之报怨时也，何故逃我？"刖者曰："断足固我罪也，无可奈何。君之治臣也，倾侧法令，先后臣以法，欲臣之免于法也，臣知之。狱决罪定，临当论刑，君愀然不乐，见于颜色，臣又知之。君岂私臣哉？天生仁人之心，其固然也。此臣之所以脱君也。"孔子闻之，曰："善为吏者树德，不善为吏者树怨，公行之也，其子羔之谓欤！"

指武第十五

列阵待袭

楚庄王伐陈，吴救之，雨十日十夜晴。左史倚相曰："吴必夜至，甲列垒坏，彼必薄我，何不行列鼓出待之。"吴师至楚，见成阵而还。左史倚相曰："追之。"吴行六十里而无功，王罢卒寝。果击之，大败吴师。

倾覆则诛

孔子为鲁司寇，七日而诛少正卯于东观之下。门人闻之，趋而进，至者不言，其意皆一也。子贡后至，趋而进曰："夫少正卯者，鲁国之闻人矣，夫子始为政，何以先诛之？"孔子曰："赐也，非尔所及也。夫王者之诛有五，而盗窃不与焉。一曰心辨而险；二曰言伪而辩；三曰行辟而坚；四曰志愚而博；五曰顺非而泽。此五者皆有辨知聪达之名，而非其真也。苟行以伪，则其知足以移众，强足以独立，此奸人之雄也，不可不诛。夫有五者之一，则不免于诛。今少正卯兼之，是以先诛之也。昔者汤诛蠋沐，太公诛潘址，管仲诛史附里，子产诛邓析，此五子未有不诛也。所谓诛之者，非为其昼则功盗，暮则穿窬也，皆倾覆之徒也。此固君子之所疑，愚者之所惑也。诗云：'忧心悄悄，愠于群小。'此之谓矣。"

谈丛第十六

迁居更鸣

枭逢鸠。鸠曰："子将安之？"枭曰："我将东徙。"鸠曰："何故？"枭曰："乡人皆恶我鸣，以故东徙。"鸠曰："子能更鸣可矣；不能更鸣，东徙犹恶子之声。"

杂言第十七

君子道狭

子石登吴山而四望，喟然而叹息曰："呜呼悲哉！世有明于事情，不合于人心者；有合于人心，不明于事情者。"弟子问曰："何谓也？"子石曰："昔者吴王夫差不听伍子胥尽忠极谏，抉目而辜；太宰嚭、公孙雒偷合苟容，以顺夫差之志而伐吴，二子沉身江湖，头悬越旗。昔者费仲、恶来革、长鼻决耳、崇侯虎顺纣之心，欲以合于意，武王伐纣，四子身死牧之野，头足异所；比干尽忠剖心而死。今欲明事情，恐有抉目剖心之祸；欲合人心，恐有头足异所之患。由是观之，君子道狭耳。诚不逢其明主，狭道之中，又将危险闭塞，无可从出者。"

适子所能

梁相死，惠子欲之梁，渡河而遽，堕水中，船人救之。船人曰："子欲何之而遽也？"曰："梁无相，吾欲往相之。"船人曰："子居船楫之间而困，无我则子死矣，子何能相梁乎？"惠子曰："子居艘楫之间，则吾不如子；至于安国家，全社稷，子之比我，蒙蒙如未视之狗耳。"

以歌止戈

孔子之宋，匡简子将杀阳虎，孔子似之，甲士以围孔子之舍。子路怒，奋戟将下斗。孔子止之，曰："何仁义之不免俗也？夫诗、书之不习，礼、乐之不修也，是丘之过也。若似阳虎，则非丘之罪也，命也夫。由，歌，予和汝。"子路歌，孔子和之，三终而甲罢。

辨物第十八

石头讲话

晋平公筑虒祁之室，石有言者。平公问于师旷曰："石何故言？"对曰："石不能言，有神凭焉；不然，民听之滥也。臣闻之：作事不时，怨讟动于民，则有非言之物而言。今宫室崇侈，民力屈尽，百姓疾怨，莫安其性，石言不亦可乎？"

兴妖自贼

晋平公出畋，见乳虎伏而不动，顾谓师旷曰："吾闻之也，霸王之主出，则猛兽伏不敢起。今者寡人出，见乳虎伏而不动，此其猛兽乎？"师旷曰："鹊食蝟，蝟食鵕义，鵕义食豹，豹食驳，驳食虎；夫驳之状有似驳马，今者君之出，必骖驳马而出畋乎？"公曰："然。"师旷曰："臣闻之：一自诬者穷，再自诬者辱，三自诬者死。今夫虎所以不动者，为驳马也，固非主君之德义也，君奈何一自诬乎？"平公异日出朝，有鸟环平公不去，平公顾谓师旷曰："吾闻之也，霸王之主，凤下之。今者出朝，有鸟环寡人，终朝不去，是其凤鸟乎？"师旷曰："东方有鸟名谏珂，其为鸟也，文身而朱足，憎鸟而爱狐。今者吾君必衣狐裘以出朝乎？"平公曰："然。"师旷曰："臣已尝言之矣，一自诬者穷，再自诬者辱，三自诬者死。今鸟为狐裘之故，非吾君之德义也，君奈何而再自诬乎？"平公不说。异日置酒虒祁之台，使郎中马章布蒺藜于阶上，令人召师旷。师旷至，履而上堂。平公曰："安有人臣履而上人主堂者乎？"师旷解履刺足，伏刺膝，仰天而叹。公起引之曰："今者与叟戏，叟遽忧乎？"对曰："忧夫肉自生虫，而还自食也；木自生蠹，而还自刻也；人自兴妖，而还自贼也。五鼎之具不当生蒺藜，人主堂庙不当生蒺藜。"平公曰："今为之奈何？"师旷曰："妖已在前，无可奈何。入来月八日，修百官，立太子，君将死矣。"至来月八日，平公谓师旷曰："叟以今日为期，寡人如何？"师旷不乐谒归，归未几而平公死。乃知师旷神明矣。

修文第十九

三年之丧

子生三年，然后免于父母之怀，故制丧三年，所以报父母之恩也。期年之丧通乎诸侯，三年之丧通乎天子，礼之经也。子夏三年之丧毕，见于孔子，孔子与之琴，使之弦，援琴而弦，衎衎而乐作，而曰："先生制礼，不敢不及也。"孔子曰："君子也。"闵子骞三年之丧毕，见于孔子，孔子与之琴，使之弦，援琴而弦，切切而悲作，而曰："先生制礼，不敢过也。"孔子曰："君子也。"子贡问曰："闵子哀不尽，子曰君子也；子夏哀已尽，子曰君子也。赐也惑，敢问何谓？"孔子曰："闵子哀未尽，能断之以礼，故曰君子也；子夏哀已尽，能引而致之，故曰君子也。夫三年之丧，固优者之所屈，劣者之所勉。"

为亲事君

齐宣王谓田过曰："吾闻儒者丧亲三年，丧君三年，君与父孰重？"田过对曰："殆不如父重。"王忿然怒曰："然则何为

去亲而事君？"田过对曰："非君之土地无以处吾亲，非君之禄
无以养吾亲，非君之爵位无以尊显吾亲；受之君，致之亲，凡事
君所以为亲也。"宣王邑邑无以应。

反质第二十

不欲为机

卫有五丈夫，俱负缶而入井灌韭，终日一区。邓析过，下车
为教之曰："为机，重其后，轻其前，命曰桥。终日灌韭，百区
不倦。"五丈夫曰："吾师言曰：有机知之巧，必有机知之败。
我非不知也，不欲为也。子其往矣，我一心溉之，不知改已！"
邓析去，行数十里，颜色不悦怿，自病。弟子曰："是何人也，
而恨我君？请为君杀之。"邓析曰："释之，是所谓真人者也，
可令守国。"

国之大宝

经侯往适魏太子，左带羽玉具剑，右带环佩，左光照右，右
光照左。坐有顷，太子不视也，又不问也。经侯曰："魏国亦有
宝乎？"太子曰："有。"经侯曰："其宝何如？"太子曰："主
信臣忠，百姓上戴，此魏之宝也。"经侯曰："吾所问者，非是
之谓也，乃问其器而已。"太子曰："有。徒师沼治魏而市无
豫贾，郄辛治阳而道不拾遗，芒卯在朝而四邻贤士无不相因而见，
此三大夫乃魏国之大宝。"于是经侯默然不应，左解玉具，右解
环佩，委之坐，怅然而起，默然不谢，趋而出，上车驱去。魏太
子使骑操剑佩逐与经侯，使告经侯曰："吾无德所宝，不能为珠

玉所守。此寒不可衣，饥不可食，无为遗我贼。"于是经侯杜门不出，传死。

士不可穷

晏子病将死，断楹内书焉，谓其妻曰："楹也，语子壮而视之。"及壮发书，书之言曰："布帛不穷，穷不可饰；牛马不穷，穷不可服；士不可穷，穷不可任。穷乎？穷乎？穷也！"